I0766232

Luis «Balo» Farías Zambrano y Julio César
Belisario Mejías

LA REBELIÓN DE LAS REGIONES
SOMOS TODOS

Conciencia ciudadana: una visión para la
reconstrucción de Venezuela

Ensayo crítico

juradopublishing@yahoo.com

Twitter: @juradopublishing

Instagram: @juradopublishing

www.JuradoPublishing.com

YouTube: Jurado Grupo Editorial

GRATITUD A:

Al Santo Cristo de La Grita.

A nuestras familias, principales motores de este trabajo, por el tiempo que les hemos quitado, y por aceptarlo.

A Rafael Grooscors Caballero, Restituto «Tuto» Calvo Fuente, José Francisco Parra, y José Amando Mejía Betancourt, estudiosos de este tema, por su desinteresado apoyo y orientación en la lucha por transmitir las reales causas y soluciones a nuestras penurias.

A los compañeros de ruta del Movimiento Independiente Democrático (MID) Táchira por los importantes aportes a este trabajo.

A los fundadores del Ministerio Académico Internacional ARCONTE, de donde proviene el origen y fundamentos teóricos de la propuesta que presentamos en este libro.

A José F. Parra y Gustavo B. por hacer posible esta publicación.

A los políticos, Iglesia, Sociedad Civil Organizada, periodistas, escritores y columnistas, por la divulgación de este trabajo para conocimiento profundo y extendido demuestra realidad, premisa fundamental para lograr la solución pacífica, constitucional democrática, radical, integral, electoral, definitiva y sostenible de la crisis venezolana.

PRÓLOGO

Delenda est centralismus

LA REBELIÓN DE LAS REGIONES SOMOS TODOS

Parecería una simple frase efectista para llamar la atención de un discurso de orden regionalista, pero *La rebelión de las regiones somos todos,* tiene aún mayor profundidad en cuanto apunta a una definición estratégica cada vez más necesaria.

Mis amigos tachirenses y larenses han tomado para sí esta unión de siete palabras como idea para revestir de un toque populista, su extraordinaria propuesta bien titulada *La rebelión de las regiones somos todos*, la cual, a nuestro juicio, conforma la única tesis formulada públicamente para reconstruir el país, una vez enterrado el drama que hoy vivimos y que es una anarquía, una anomia, un anti-gobierno, que han titulado con el calificativo ideológico de «socialismo del siglo XXI».

Pero *La rebelión de las regiones somos todos*, seriamente asimilada, aspira a transformarse en una táctica de lucha que no solo quiere «cambiar» al presente gobierno, sino propiciar un cambio, para siempre, de la historia política de Venezuela apresada por un estilo autócrata que identificamos como una mala herencia de la Colonia.

Nuestros libertadores, tanto Miranda el Precursor, como Bolívar el Libertador, trataron de copiar el modelo de Unión de los Estados dado en Norteamérica en 1776. Uno para toda la América del Sur y el otro para lo que llamó La Gran Colombia, fracasando ambos en cuanto a la formación de un estado de conciencia que sembrara en nuestras sociedades liberadas del yugo español, la idea prevaleciente de la democracia de los «enciclopedistas», consagrada ella en un ejercicio pleno e irrestricto de la libertad, en una justicia en función del respeto a los derechos de todos y una fraternidad concebida para crecer, transformarse, innovar y ganarse el futuro, en cada paso de cada día por venir.

Las pequeñas debilidades de sus principales colaboradores hundieron la grandeza de sus propósitos en la medida en que «compraron» el atractivo del absolutismo para hacerse «caudillos» y alcanzar el poder, en franco ejercicio autócrata y no demócrata.

La separación y no la unión tomó la representación de la soberanía territorial y cada quien se «alzó» con lo que tuvieron a mano, condenando a Iberoamérica a sobrevivir en un marco cada vez más insolente de atraso contumaz.

La rebelión de las regiones somos todos, apunta hacia una dirección distinta, en el sentido de que se divorcia de los grandes centros del poder absoluto. Desarrolla el concepto de la autonomía, no solo para gobernarse, sino para autogestionarse y darle viabilidad dinámica a la unión para crecer, pensar, hacer, construir, penetrar la realidad del mundo cambiante y ubicarse en él; tomar su velocidad de cambio y competir con lealtad, trabajando cada uno para lograr mayores y mejores resultados en su esfuerzo, siempre entendiendo al hombre como sujeto creciente de bienestar, dignificándolo y engrandeciéndolo.

La rebelión de las regiones somos todos como estrategia de lucha que despierte la conciencia de la «regionalidad» en función de una unión democrática, señalando todo lo que un Estado independiente y autónomo puede lograr. Que construya sus propios medios de avance y transformación, su infraestructura, su aprovechamiento de ventajas comparativas, la disposición de sus gentes a concebir el futuro y convencerse de que van a asumirlo como propio, ganándole «al de al lado», que compita con productividad y acierto. Así se sustituiría la debilitada sumisión de la «provincia» a los dictámenes de las tribus gobernantes en la capital, donde en cada una se esconde un «caudillo» que requerirá la paz y el silencio de «los demás» para tomar para sí absolutamente, el poder absoluto de la Colonia con disfraz democrático.

¿Tenemos que seguir viviendo de la «distribución infame» de la renta petrolera? ¿Tenemos que seguir siendo exportadores de materias primas y continuar dependiendo de quienes nos las transforman? ¿Sabe la gente de la Guayana venezolana, del estado Bolívar lo que se hace con la bauxita, el hierro, el agua y las tierras que les son propias? ¿Sabe que esos recursos son negociados por gobernantes, a distancia, que no tienen por qué quererlas ni desarrollarlas, ni transformarlas, para enmarcarse en una competencia con el mundo entero a base de productividad? ¿Sabe la gente del Zulia todo lo que ganarían transformando en fibras sus hidrocarburos y «metiéndose» en el mundo de los textiles sintéticos?

Si hacemos un análisis con nuestros propios recursos humanos de cada uno de los estados de nuestra República, incluyendo a los estimados convencionalmente como «atrasados», encontraremos una potencialidad increíble de desarrollo que nos permitiría descubrir cómo es que tenemos que actuar para despedirnos del petróleo.

La rebelión de las regiones somos todos debe crear una matriz de opinión generalizada en cada uno de los Estados, en favor de su autonomía productiva y a través de una democracia parlamentaria, donde las autoridades sean escogidas por «los representantes de las regiones» y no «por el dedo» criminal e irresponsable del autócrata de turno.

¿Nos entendemos? ¿Somos capaces de fomentar esta «rebelión regionalizada»? ¿Podemos darle sentido de táctica y estrategia de lucha a esta propuesta, conscientes, incluso, «de que vale más que todas las otras vías propuestas para derrocar constitucionalmente» a un gobierno que tampoco debe ser sustituido por otro similar? ¿Entendemos que por esta vía llegaremos a la creación del clima y de la voluntad para construir la Venezuela distinta con la que soñaron nuestros Libertadores y de la que han hablado tanto y tantas veces nuestros mejores pensadores? ¿Es suficiente «ganar unas elecciones», dar un golpe de Estado ir a una nueva Constituyente, «si no tenemos claro que tenemos que reconstruir el país, para que sea una potencia» económica independiente? El futuro depende de cómo responder a estas interrogantes.

El trabajo y la temática acá contenida te harán reflexionar al respecto.

Rafael Grooscors Caballero

INTRODUCCIÓN

*Aquellos que se creen demasiado inteligentes
como para involucrarse en la política, reciben
su castigo al ser gobernados por otros que son
mucho más tontos que ellos.*
Platón

Estaba terminando de rastrear el último potrero de los límites de mi finca ubicada en el sector el Cutufí, municipio Páez del estado Apure, en los confines del río Arauca vibrador (lo llaman así porque, al estar de pie a su orilla, es tal la fuerza del agua que el suelo vibra), cuando se presentó un grupo armado revolucionario del Ejército de Liberación Nacional Colombiano (ELN), era la década de los años 80, al frente de ellos se encontraba su líder, el comandante Alonso. Estacioné el tractor Ford bajo una sombra que proveían de una mata de guadua (bambú), lo apagué y luego del saludo de rigor, Alonso, uniformado de negro y armado hasta los dientes, con un marcado acento colombiano me increpó: «vea compa, cómo me le va, está poniendo muy bonita su finca». Sí, le contesté, estamos trabajando duro a ver si la ponemos a producir, las tierras son muy buenas, pero hay que hacerlas producir. Dos años después de esa conversación mí pequeña unidad producía 600 litros de leche, además de plátano, maíz, caraota y cuanto cultivo me provocaba sembrar. Dieciséis años después abandonaba yo mi finca, la dejé con un encargado misteriosamente desaparecido, y un primo hermano caído, víctima de la violencia en las más maravillosas tierras agropecuarias que tiene Venezuela.

Caracas y el centralismo nunca han dado la respuesta, que como productor venezolano de la frontera exigí. Tengo esperándola cuarenta años; tampoco han respondido a los venezolanos que, luego de observar la exorbitante cantidad de dinero que ha ingresado en divisas y han administrado a discreción, tengamos la deplorable calidad de vida que hoy padecemos, tenemos también años esperando esas respuestas.

La inquietud de indagar siempre la he tenido, la heredé de mis padres y abuelos. Asimismo, no conformarme con ver acontecimientos y sucesos nefastos, sin indagar cómo se concibieron. Además, poseo sensibilidad social por grandes de actualidad, por ejemplo: la falta de vivienda me llevó a plantearle al Táchira la necesidad de una nueva ciudad, porque con un déficit de 65.000 viviendas no resolvía su problema construyendo unas cuatro urbanizaciones por allí regadas. A partir de esta inquietud se retomó el tema y bajo mi impulso se consolidó el proyecto de Ciudad Polonia (hoy engavetado por las autoridades del Estado). También las filas de personas en las paradas de bus para trasladarse a sus hogares o a sus trabajos, me llevó a liderar y a desarrollar, junto con un maravilloso equipo de profesionales egresados de las universidades de la región, un moderno sistema de transporte masivo aero suspendido (el SUBA) como los que han diseñado y construido los países más desarrollados del mundo, pero con una variante: fabricarlos en Ureña, ¿en Ureña? Sí, en Ureña, Venezuela. Terminamos el proyecto hace una década, y a pesar de la crisis del transporte público que nos llevó a movilizarnos en las deprimentes «perreras» y a la gran cantidad de empleos que generaría, tanto a ingenieros y afines como a un gran sector de trabajadores, además del ingreso de diferentes divisas a la renta petrolera por la venta de una modalidad de transporte propia y económica al exterior, también descansa en las oficinas de los burócratas en la capital del país.

Mucha agua ha bajado del río Arauca desde mi época de productor, y también mucho petróleo se ha extraído de las entrañas del subsuelo venezolano, riqueza que ha bañado a Venezuela desde hace un siglo cuando comenzó su extracción. Sin embargo, mi país está empobrecido, sin rumbo, ni norte, y de continuar así, definitivamente terminaremos de caer al abismo como sociedad.

Y así como exploré el Arauca en mis inicios como trabajador del campo, y conocí de la mano de los que saben cómo se planifica una ciudad y un sistema de transporte masivo, me di a la tarea de investigar qué es lo que hemos hecho tan mal como sociedad para tener la deplorable calidad de vida que hoy aturde nuestras conciencias.

Así nació este libro, de la mano de don Julio Belisario Mejías con su trabajo de investigación adelantado, y a quien corresponde la mayor parte de su contenido, pero también con mi propia investigación y leyendo a otros que saben y que nos alertan de la causa de nuestro reiterado fracaso.

Asimismo, nos agrupamos con unos talentosos andinos en el Movimiento democrático independiente (MID), con ellos tenemos un largo trecho recorrido, con encuentros y desencuentros como es natural cuando de relaciones humanas se trata, y luego de años de trabajo, acá les dejo el fruto de esos vínculos y sus respectivas investigaciones.

Pero la angustia sigue presente, cuando el liderazgo nacional refiere el tema de la crisis venezolana, deja entrever que la culpa de lo que nos está pasando es culpa del gobierno anterior. No profundiza en el hecho de que todo lo que hoy vivimos es consecuencia del pasado remoto que no fue capaz de ofrecernos un país bajo un modelo de Estado verdaderamente descentralizado, democrático, desarrollado, moderno, que se pudiera inscribir en el marco del primer mundo. Recuerdo con nostalgia al dramaturgo José Ignacio Cabrujas, quien expresaba: «Venezuela es un país que no ha tenido conciencia de su propia historia, es un país en gestación. Nadie en el mundo sabe qué quiere Venezuela, qué proyectos, qué ambiciones, qué deseamos. Venezuela no se ha inaugurado». Le llegó la muerte, lo sorprendió y no pudo decirnos cómo ni cuándo fundarla.

Todo se va en atacar y contraatacar a un enemigo inexistente. No se ha entendido que la consecuencia terminal de esta crisis no ha tenido, ni tiene todavía, un planteamiento serio y profundo de corrección estructural que nos permita pensar que lo que ha de venir la solucionará definitivamente. La vía no es el tradicional «quítate tú para ponerme yo», sino realizar los cambios que reclama la sociedad venezolana, que no se siente representada por los bandos en pugna.

El presente trabajo hace énfasis en que no se trata de si la culpa es de los gobiernos anteriores o del actual, o si el problema es el socialismo o el capitalismo. Cuando tenemos países socialistas como Noruega o Finlandia o capitalistas como EE. UU. que ofrecen a su sociedad una calidad de vida envidiable y, por tanto, son catalogados como países del primer mundo, concluimos que el problema del desarrollo definitivamente es otro en el cual las ideologías juegan un rol diferente.

Las naciones más adelantadas del mundo, desde hace tiempo, adoptaron el modelo de gobierno que utilizan las democracias parlamentarias en sus diferentes matices, sin embargo, en nuestro país, los líderes, de ambos bandos, ni siquiera la asoman, ¿es esto normal? ¿Acaso lo desconocen? De ser así tendríamos entonces analfabetos políticos gobernando y queriendo gobernar nuestro país, y seguir en el dañino y perverso «quítate tú, para ponerme yo».

Adicionalmente, el mundo actual es distinto para todos, hoy día la tecnología nos transformó todo es redes, comunicación, información, comercio, bienes y servicios. Todo se compra y se vende, los países más avanzados del mundo transforman los *commodities* (materias primas) y los venden con marcas propias y patentadas a nivel mundial, y con eso generan renta y riqueza.

Y nuestro país, ¿qué papel juega en el mundo moderno? ¿Qué es lo que producimos? ¿Qué vendemos? ¿Nuestro único *commodities* es el petróleo?

Nuestro país está imbuido en el fracaso porque no hemos entendido aún el perjuicio que nos causa la dependencia monopólica del petróleo y que esa dependencia esté subordinada a las decisiones de una sola persona.

Lee lo que acá esta recopilado, porque la única manera de entender cómo podremos salir de esta profunda crisis estructural es saber a ciencia cierta qué es lo que la produce. Una vez que estemos claros en eso, sabremos cuál es la ruta y qué líder garantiza llevarnos a puerto seguro.

Creo que la sociedad civil organizada, una vez empoderada con estas razones, será la única que podrá exigir un cambio de rumbo, para ello tenemos que activarnos y, tal vez terminemos nosotros mismos liderizando este proceso porque para eso estamos ya preparados y solo entonces unidos pediremos a una sola voz:

Los dolientes somos *todos… salvemos a Venezuela.*

Luis «Balo» Farías

San Cristóbal, 31 de mayo de 2021

Capítulo I

Causas estructurales de la crisis y sus explicaciones

*Para obtener la solución permanente a un
problema, hay que entender la causa que
lo origina.*

André Gide

Para entender e identificar el origen de la crisis venezolana en su justa dimensión, es necesario puntualizar algunos conceptos que es necesario tener claros:

El Estado Federal

Estado: Se define como la organización en la que confluyen cuatro elementos: el territorio, los habitantes, las leyes y el gobierno civil

Federal: significa pacto, convenio o alianza, viene del latín *foedus,* un vocablo que inventaron los teólogos cristianos en Inglaterra en el año 1625.

El Estado Federal moderno se define como «Un ordenamiento jurídico (Constitución y Pirámide de Kelsen) para los fines generales, que ejerce el poder soberano (gobierno civil), en un territorio determinado, al que están subordinados los habitantes de ese territorio"

Ese ordenamiento jurídico, o sea esa Constitución, la redactan ciudadanos investidos de poderes absolutos otorgados por el pueblo, como poder constituyente originario; los representantes (diputados) que elegimos a través de los partidos políticos o grupos electorales. De allí la importancia del arquetipo de representante «que yo debo elegir» para plasmar en ese pacto social, llamado Constitución, los «cambios estructurales» que generen con su aplicación una mejor calidad de vida.

«El gobierno civil (presidente de la república o primer ministro), tendrá la cantidad de poder que esa Constitución le otorgue, o sea, el poder que yo le daré (a través de mi representante). Dependerá, entonces, de mi voto, el que plasmen en la Constitución, el modelo de régimen con el que quiero que se gobierne».

Escrito de otra manera y, en otras palabras, está en mi conciencia, a través de mi voto, el poder para decidir el tipo de país en el que quiero vivir.

¿Quiero un país donde el poder lo ejerza una sola persona (poder centralizado) o, al contrario, que el poder se distribuya entre varias personas o instancias (poder descentralizado)?

Esto es sumamente importante, entramos en el tema porque existen dos modelos diferentes de Estado federal, según la proporción de poder que las constituciones les otorguen a sus gobiernos civiles por imperativo de dos principios políticos opuestos:

El Estado Federal de poder Centralizado (EF Centralizado) es el Estado cuyo gobierno civil tiene poder ilimitado centralizado en una persona (rey, presidente, emir o presidente de la República), lo creó en Babilona en el 1770 a.C. el rey Hammurabi, quien organizó el gobierno del naciente imperio babilónico como una federación de provincias y ciudades centralizadas, en las que el gobierno lo ejercía una sola persona (monarquía, gobierno de uno).

El EF Centralizado surge por un pacto entre personas con poder militar o económico que lo imponen por la fuerza o el engaño. Este modelo es el que gobierna en Venezuela, es heredado desde la época de la colonia española.

El Estado Federal de poder Descentralizado (EFD) es el opuesto al anterior. Este gobierno civil tiene poder limitado, descentralizado en la mayor cantidad de instancias y personas que ejercen de manera conjunta los poderes político, económico, educativo, judicial y militar, etc., que se hacen contrapeso y vigilan mutuamente. Gobierno de muchos o poliarquía, se denomina también Estado federal regional o de regiones integralmente autónomas.

Este modelo de Estado se impone mediante un pacto entre gobernantes y gobernados, inicialmente se llamó Leyes del Reino, Acta de Derechos, luego Pacto Social y después Constitución Política.

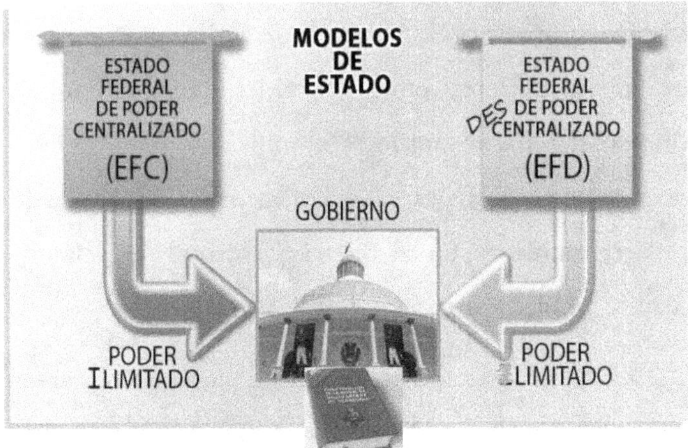

El primer Estado Federal de poder Descentralizado (EFD) de regiones integralmente autónomas, con Gobierno Civil de poder Descentralizado y limitado nació de un Pacto Social en el año 1.112 a.C. en Canaán.

Los judíos, después de 400 años de esclavitud salieron de Egipto y, tras tomar posesión de la tierra prometida, decidieron crear una monarquía constitucional. Lo hicieron a través un proceso constituyente durante el cual una Asamblea Constituyente de representantes de las 13 regiones de Israel redactó un Pacto Social o Constitución que denominaron Acta de Derechos, Pacto o Leyes del Reino («Vinieron todos los ancianos de Israel... y David hizo pacto con ellos y lo hicieron rey»).

El proceso anterior fue rescatado por los calvinistas durante la Reforma Protestante (siglos XVI y XVII) y utilizado para fundar en 1787 los EE. UU. como una República Federal, una Federación o como ellos la llaman, una Unión (en lugar de monarquía) constitucional federal descentralizada de 13 colonias (estados), integralmente autónomas. Igual ocurrió en Canadá y luego, sin excepción, en todos los países del primer mundo. Los que actualmente exhiben la calidad de vida más altas del planeta.

Este modelo es tan bueno, eficaz y eficiente que, en toda la tierra, incluido el tercer mundo, las principales actividades de la sociedad se organizan y gobiernan mediante Estados Federales Descentralizados llamados Federaciones.

Las industrias, comercios, sindicatos, deportes, los condominios de edificios y conjuntos residenciales, los centros comerciales y gremios, son federaciones, son EF Descentralizados. Funcionan muy bien: el presidente de cada federación tiene sus atribuciones indicadas en los Estatutos, cada entidad federada es autónoma y tiene su propio estatuto compatible con el de la Federación.

Pero el EF Descentralizado no se aplica en Venezuela. Esta es una paradoja brutal y destructiva. Este país debería ser una federación floreciente y progresista de 23 estados-regiones y, por lo menos, 1.136 municipios autónomos (actuales parroquias) y no lo que es: una federación pobre, atrasada y depauperada por la obsolescencia del EF Centralizado presidencial que ha traído ineficiencia, corrupción y devastación, entre otros males.

En los EF Descentralizados se efectúa una descongestión y distribución del grandísimo poder político, económico, judicial, militar y educativo que tiene el gobierno civil (presidente de la República), limitando su poder y distribuyéndolo en la mayor cantidad de instancias y personas entre los poderes legislativo, ejecutivo y judicial, en los planos nacional, regional y municipal.

La Asamblea Nacional Legislativa, es decir, el Parlamento Nacional, es la máxima autoridad del Estado, la cual designa –de acuerdo a la ley– al presidente de la República, jefe del Estado, y al primer ministro, jefe del Gobierno.

La Asamblea Legislativa estadal o parlamento regional, representa a los ciudadanos de cada estado–región.

La Cámara Municipal representa a los ciudadanos del municipio, tiene las competencias que le atribuyan la Constitución y el Estatuto Autónomo.

El presidente de la República es el jefe del Estado, símbolo de unidad.

El primer ministro es el jefe del Gobierno o del Poder Ejecutivo.

El gobernador de Estado–región gobierna su dependencia y relación con la Asamblea Legislativa Estadal del Estatuto Autónomo de cada uno de los 23 Estados.

Durante años los venezolanos nos hemos preguntado ¿por qué ha fracasado el país? ¿Cuáles es la causa de la crisis y cuáles las explicaciones históricas, sociológicas y políticas?

La causa estructural de la crisis es la obsolescencia del Estado Federal de poder Centralizado (EFC) presidencial imperial. El desacierto se debe a la cantidad de poder político, económico, judicial, militar, que la Constitución deposita en el presidente de la República, con el cual se puede violar la Constitución impunemente y desarrollar toda la destrucción que hoy vemos.

El EF Centralizado tiene función y vida útil limitadas al nacimiento y consolidación de una nación, pero si se prolonga su vida más allá de estas funciones se vuelve incapaz de satisfacer las necesidades de desarrollo del país. Así se convierte en un generador de corrupción, crisis y devastación debido a la enorme centralización de poderes que constitucionalmente tiene el presidente de la República. De esta forma, la estructura centralista y la operatividad le convierte en una maquinaria paralítica inadecuada para que el presidente de la República y sus ministros, desde Caracas, puedan planificar, instrumentar, administrar, supervisar y compenetrarse con las numerosísimas necesidades de un país en desarrollo, como en efecto hemos visto y padecido en los últimos 35 años.

Los antecedentes del EFC presidencial se encuentran en el modelo de EFC colonial que nos legó la Corona española en sus tres componentes, del cual procede directamente:

1). Un Gobierno de poder ilimitado centralizado en el capitán general – gobernador quien ostentaba amplias atribuciones de Gobierno, tales como: conformar las elecciones para alcaldes ordinarios realizadas en cada Cabildo de su jurisdicción; de justicia: administrar la justicia en lo civil y criminal; de Hacienda: vigilar la recaudación de los tributos exigidos por el rey (Real Audiencia), dictar las medidas necesarias para hacer frente a la práctica ilegal del comercio; y de Guerra: defender el territorio a su cargo en caso de ataques externos. Era el jefe del ejército autorizado para nombrar los oficiales requeridos en cada una de las plazas de su jurisdicción, y debía velar por el buen estado y conservación de las fortalezas y demás edificaciones militares, además de ejercer el Patronato sobre la Iglesia y, muy importante, ser el apoderado de los negocios del rey.

El capitán general colonial imperial de ayer dio origen al presidente Imperial de la República de hoy, quien ostenta las siguientes atribuciones según el Artículo 236. De la Constitución de 1999: cumplir y hacer cumplir esta Constitución y la ley. Dirigir la acción del Gobierno. Nombrar y remover al vicepresidente Ejecutivo o vicepresidenta Ejecutiva, nombrar y remover los ministros o ministras. Dirigir las relaciones exteriores de la República y celebrar y ratificar los tratados, convenios o acuerdos internacionales. Dirigir la Fuerza Armada Nacional en su carácter de comandante en jefe, ejercer la suprema autoridad jerárquica de ellas y fijar su contingente. Ejercer el mando supremo de la Fuerza Armada Nacional, promover sus oficiales a partir del grado de coronel o coronela o capitán o capitana de navío, y nombrarlos para los cargos que les son privativos. Declarar los estados de excepción y decretar la restricción de garantías en los casos previstos en esta Constitución. Dictar, previa autorización por una ley habilitante, decretos con fuerza de ley. Convocar a la Asamblea Nacional a sesiones extraordinarias. Reglamentar total o parcialmente las leyes, sin alterar su espíritu, propósito y razón. Administrar la Hacienda Pública Nacional. Negociar los empréstitos nacionales. Decretar créditos adicionales al presupuesto, previa autorización de la Asamblea Nacional o de la Comisión delegada. Celebrar los contratos de interés nacional conforme a esta Constitución y la ley. Designar, previa autorización de la Asamblea Nacional o de la Comisión delegada, al procurador o procuradora general de la República y a los jefes o jefas de las misiones diplomáticas permanentes. Nombrar y remover a aquellos funcionarios o aquellas funcionarias cuya designación le atribuyen esta Constitución y la ley. Dirigir a la Asamblea Nacional, personalmente o por intermedio del vicepresidente ejecutivo o vicepresidenta ejecutiva, informes o mensajes especiales. Formular el Plan Nacional de Desarrollo y dirigir su ejecución previa aprobación de la Asamblea Nacional. Conceder indultos. Fijar el número, organización y competencia de los ministerios y otros organismos de la Administración Pública Nacional, así como también la organización y funcionamiento del Consejo de ministros, dentro de los principios y lineamientos señalados por la correspondiente ley orgánica. Disolver la Asamblea Nacional en el supuesto establecido en esta Constitución. Convocar referendos en los casos previstos en esta Constitución. Convocar y presidir el Consejo de Defensa de la Nación.

2). Una federación de nueve provincias totalmente dependientes del capitán general, cuya autoridad abarcaba los asuntos de índole política, militar y económica de las nueve provincias.

Los Cabildos se encargaban de los asuntos de las ciudades, tenían relativa autonomía, pero siempre bajo la tutela de los capitanes generales – gobernadores.

La influencia de Caracas, como ciudad central de mayor tamaño, sede del gobierno oficial, residencia del capitán general – gobernador, y el gran poder de este hizo posible la integración y dependencia de las nueve provincias y gobernaciones; dando lugar al centralismo del cual no nos hemos podido liberar.

La federación de 9 provincias dependientes de ayer, dio origen a la federación de 23 Estados dependientes de hoy.

3). La Economía colonial mercantilista dominada por el capitán general – gobernador. El primero de los cuales fue Ambrosio Alfinger, representante de los banqueros Belzares, acreedores de la Corona española.

Luego a partir de 1728 los capitanes generales – gobernadores fueron vascos representantes de la Compañía Guipuzcoana que dominó completamente la economía mercantilista rentista. Fue una empresa a base de acciones cubiertas por capitalistas vascos, principalmente de la provincia de Guipúzcoa, en el norte de España. El rey tuvo una considerable participación en el negocio, pues recibió de los empresarios 200.000 pesos en acciones.

La Compañía Guipuzcoana influyó decisivamente en la política interna de la provincia de Venezuela a través de los gobernantes de origen vasco quienes dirigieron la provincia y la Capitanía General de Venezuela después de su creación en 1777.

La economía mercantilista colonial de ayer, dominada por el poderoso capitán general – gobernador imperial y empresario, dio origen a la economía petrolera rentista monopólica de hoy, dominada por el presidente imperial de la República, empresario y dueño constitucional de todas las acciones de PDVSA, CVG, resto de las más grandes empresas de la tierra cultivable y urbanizable, de la recaudación fiscal, del BCV y del precio de la moneda.

La periodista Françoise Berthelemy de *Le Monde Diplomatique,* especialista en asuntos latinoamericanos, declaró que «esa concentración de poderes no la vi en ningún otro jefe de Estado» (*El Nacional,* P.A4. 24/09/2005).

Las características del EF Centralizado colonial (español) son las siguientes:

- Un modelo de Federación centralizada y dependiente.

- Un régimen de gobierno hegemónico centralizado en el capitán general.
- Una economía mercantilista dominada por el capitán general.

Estas características se trasladaron a todas las Constituciones que ha tenido Venezuela desde la de 1819 hasta la de 1961, incluso la de 1999. Todas contienen EF Centralizado cuyos gobiernos gozan de un poder ilimitado centralizado en los presidentes de la República, dueños, constitucionalmente, de los recursos naturales, de PDVSA, de las más grandes empresas y demás medios de producción con los cuales dominan a su antojo la economía mercantilista, monopólica y mono productora de petróleo y demás materias primas.

Esta es una particularidad en la que se basan los modelos socialistas que aceptan como buena la tesis de la explotación del hombre por el hombre (según esta teoría los ricos son ricos a costa del sudor y de la explotación de los trabajadores, obreros y proletarios). La causa de esta explotación, sostienen, es la propiedad de los medios de producción; de modo que para eliminar las injusticias era menester sustituir total o parcialmente la propiedad privada por la propiedad colectiva, la corporativa, la estatal.

Surgen así tres corrientes del marxismo:

- El comunismo o socialismo real, aplicado en la unión soviética y sus satélites, según el cual todos los medios de producción sin excepción deberían ser propiedad del Estado o colectiva.
- El nacional socialismo (fascismo) donde los medios de producción tenidos por básicos, o estratégicos, debían ser de

propiedad estatal o colectiva; permaneciendo en manos privadas las empresas medianas o pequeñas.

- El socialismo democrático o socialdemocracia con la misma concepción de economía mixta propugnada por los fascistas.

Estos sistemas de economías intervenidas (por un poder centralizado que ha sido otorgado y plasmado en la Constitución) han resultado, sin excepción, un rotundo fracaso. No han sido capaces de crear sociedades de crecimiento sostenido y Estados de bienestar general.

Los fascistas se fueron por un programa expansionista que dio origen a la Segunda Guerra Mundial con Estados federales provistos de un poder centralizado en líderes mesiánicos (Hitler, Mussolini, Franco, Lenin, etc.).

Los comunistas fracasaron, se vinieron abajo. El muro de Berlín no lo destruyeron las armas, se derrumbó con el fracaso del sistema.

Los socialdemócratas y socialcristianos, en nuestro caso, también fracasaron en todos los Estados de bienestar que fomentaron cuando el modelo centralista cumplió su ciclo y no fue sustituido, como leeremos más adelante.

Entonces tenemos acá dos situaciones que se mezclan, para producir una mala combinación que conduce a promover países en «vías de subdesarrollo».

La centralización del poder político y La centralización de la propiedad de los medios de producción (poder económico), es lo que llamamos un Estado Federal de Poder Centralizado (EF Centralizado).

Corrupción y devastación en Venezuela

«El poder tiende a corromper y el poder absoluto corrompe absolutamente»
Lord Acton

Tenemos la burocracia por habitante más elevada del mundo (esto es un enorme problema). En la administración pública existe 50 a 60% de empleados en exceso.

La solución no es despedirlos sino cambiar modelos centralizados de Estado de la economía, educación e investigación. Lo ideal es ofrecerles oportunidades para que generen riqueza fuera o dentro del aparato burocrático en la contraprestación de servicios socialmente útiles por el salario que reciben, porque, tal como afirmó G. Bernard Shaw: (…) *no tenemos derecho a consumir felicidad, sin producirla, ni a consumir riqueza sin generarla*; es decir, consumir renta sin generarla.

El no acatamiento de este principio es lo que origina la corrupción en todas sus formas a nivel institucional, nacional e internacional (excepto las infaltables excepciones).

Los frutos de la corrupción administrativa son inocultables: millardos de dólares provenientes del primer boom petrolero de los años 70 del siglo XX se depositaron en cuentas de venezolanos corruptos en el exterior durante la IV República.

En el segundo boom petrolero en la primera década del siglo XXI, los nuevos ricos *ahorristas* venezolanos de la V República, deben de haber superado ya a los anteriores millardos en $ en depósitos en bancos extranjeros. Así parece confirmarlo una difundida lista de personeros que circula en Internet, presuntamente elaborada por la NED. Los montos son muy cercanos a los del abultado número de nuevas denuncias provenientes de la V República (Plan Bolívar 2000, FUS, FIEM, FIDES, FOGADE, CAVENDES, IVSS, venta y canje de Bonos de la deuda pública, eliminación de los procesos de licitación, PDVSA, ventas internacionales ilícitas y clandestinas de grandes volúmenes de gasolina y diésel, contratación de asesorías a precios escandalosos; Cadivi que es la reencarnación de Recadi, etc.).

Está corrupción se evidencia en los miles de informes denuncias y juicios de corrupción que reposan en la Contraloría General de la República, en la Fiscalía y en los Tribunales, provenientes de la IV y V República, que vinieron a engrosar el número de *bellas durmientes,* suficientes para empapelar dos veces la carretera trasandina.
Gracias a datos disponibles por instituciones globales podemos identificar los determinantes de la corrupción. Uno muy importante es el nivel de regulación, por ejemplo, el número de trámites que es necesario hacer para iniciar un negocio.

Mientras más trámites mayor participación del Estado y, en cada trámite, una posibilidad de cometer actos de corrupción. Esta regulación representa un freno al estímulo de la inversión, la cual es un motor del crecimiento económico.

La desregularización de los trámites administrativos y burocráticos, así como la disminución en los trámites que se necesitan para iniciar un negocio, son entonces iniciativas loables para combatir la corrupción.

Fuente: El Estado de Derecho y la Economía 21-03-2004. Lic. Martín Lozano, MAF. www.colimaonline.com.

¿Qué ha pasado en Venezuela a lo largo de los últimos 35 años en materia de corrupción?

En 1974 arrancó la Venezuela saudita. La inundación de petrodólares multiplicó por diez la tentación de enriquecimiento rápido e ilícito. Multiplicó por cinco los matrimonios entre el Estado corrupto y los nuevos poderes económicos, y multiplicó por dos las posibilidades legales de enjuiciar a los delincuentes de traje blanco.

Ese mismo año el valor de las exportaciones petroleras ascendió a $ 10.573 millones contra $ 4.267 millones en 1973, a pesar de que salieron del país 400.000 barriles menos.

Ya en 1975, Américo Martín, en su libro *Los peces gordos*, avizoraba una Venezuela gobernada y empañada por la troika, en la cual el presidente de turno sería el jefe de un reducido grupo de «superpoderosos». Por su parte, Teodoro Petkoff (en 1978), recogía en libro *La Corrupción Administrativa,* los casos de las fragatas misilísticas, el avión presidencial, el Banco Nacional de Descuento, el Fondo de Inversiones, y Cementos Caribe.

Un quinquenio más tarde, en foro celebrado en Parque Central, intervinieron Jorge Olavarría y Domingo Alberto Rangel. Según el primero «a partir de 1977 se provocó una prestomanía que, por supuesto, el nuevo gobierno no solo no detuvo, sino que aumento», a pesar del enorme crecimiento de ingresos, provocando una abultada deuda externa.

Tres años después le tocó el turno al mismísimo presidente Pérez con el caso de «los doscientos cincuenta millones de bolívares», en el cual sin duda operaron factores políticos dentro del clima de discusiones creados a partir del Caracazo, que de ese tramo pasó a las rebeliones militares de 1992 para concluir en ambiente electoral, con el auto de detención dictado por la Corte Suprema de Justicia por el delito de malversación y peculado.

Este acto, extremadamente polémico, equivaldría a la muerte política del primer presidente reelecto en la era de la democracia representativa. El mismo abriría las puertas al retorno de Rafael Caldera sin apoyo de Copei y, extrañamente, con sus antiguos adversarios agrupados en el «chiripero».

El segundo periodo de Caldera estuvo marcado por varios casos. La acumulación de delitos administrativos y de corrupción generalizada, constituyó uno de los grupos de ataque en la agenda electoral de Chávez en 1998.

Victoriosos en ese flanco como en otros, por ejemplo, en el deterioro ideológico y político del pacto de Punto Fijo, Chávez prometió la Venezuela del nuevo milenio reflejada en la constitución de la República Bolivariana de Venezuela, que se aprobó el mismo día en que el desastre de Vargas aparecería como un presagio, no de paz, sino de turbulencias.

El Plan Bolívar 2000 fue el primer indicio de que los militares entrarían en la actividad política por la puerta grande. En verdad ese plan equivalía a un Plan de emergencia como el de Larrazábal, aunque extendido a todo el país y a los más variados campos de acción, todo bajo control Castrense. De ese modo, el primer caso, y no atino a recordar si el único, que abordó la moribunda Contraloría de Roche Lander, fue el de un jefe militar de Monagas. De allí en adelante «mucha agua ha pasado por debajo de los puentes».

Todo indica que la corrupción no ha desaparecido y en la Venezuela Bolivariana, el contralor, no ha levantado aún censo de muchísimas –y no por ciertas pequeñas– irregularidades administrativas.

La corrupción es un saqueo sin control con tres herramientas o modalidades:

- Licitaciones. No se ha licitado prácticamente nada, ni grandes obras ni concesiones gasíferas deltanas. Millones y millones de bolívares en contrataciones sin licitación, utilizando la figura de las emergencias abusivamente. Y todas contrataciones del Estado hechas en las condiciones más perjudiciales y desventajosas.

- Deuda pública. Su manejo hecho al amparo de la ley que reformó toda la situación legal de la administración financiera, otorgó al Ejecutivo toda la discrecionalidad para colocar deuda sin control ni administración de nadie, porque el control lo tiene solo el Ejecutivo (*el centralismo*). De forma que aquí se negocia directamente sin subastas ni licitaciones, ni ningún mecanismo de competencia financiera, y hablamos de millones y millones de bolívares.

- Los Recursos fuera del presupuesto que violentan todas las normas legales para revisar PDVSA, BCV. Al BIV, al Banap, al Bandes, construyendo una parafiscalidad completa que genera recursos fuera del presupuesto y de la unidad del tesoro. De esta forma se financia la corrupción y el gasto público sin posibilidad de recuperación de ningún capital.

Fuente: Luis García Mora, en: Al Límite, *El Nacional,* 20 de junio de 2004. pg. A5.

«No se ha podido cerrar el presupuesto del 2003 porque hay un faltante de tres billones de bolívares», afirmó el doctor Eduardo Roche Lander, excontralor de la República.

El secretario general de la OEA, Cesar Gaviria, advirtió en la inauguración de La Convención Interamericana contra la corrupción, basándose en un informe de la CEPAL (Comisión Económica para América Latina) «que 44 % de la población latinoamericana (127 millones de personas) viven bajo la línea de la pobreza y 20 % bajo la línea de la pobreza extrema.»

Una de las causas de la pobreza es la corrupción, porque «muchos de los recursos destinados para atender las necesidades básicas no han llegado a sus verdaderos destinatarios, que son los pobres».

La corrupción debilita la legitimidad de nuestras democracias. Un estudio reciente muestra que el 90 % de los latinoamericanos considera que la corrupción está empeorando y debilita la efectividad de la democracia. Además, se ha convertido en un problema de los sistemas y no simplemente de personas corruptas, que muchos la consideran como el problema más grave de sus respectivos países.

Que hoy tengamos más pobres que hace veintiún años es inocultable. También tenemos la peor distribución de ingresos del mundo, graves problemas de equidad, igualdad y explosión social.

LOS INGRESOS DE VENEZUELA. ¿CUÁNTO ES 1,6 BILLÓN DE DÓLARES?

Según reportes de economía, el centralismo ha administrado durante los últimos treinta y cinco años la astronómica cifra de 1 billón seiscientos cincuenta mil millones de dólares (un billón es igual a un millón de millones de US$). Está increíble cifra es inimaginable para el común de los venezolanos. Nuestra imaginación, aunque poderosa, es incapaz de darnos una idea real sobre algo cuando carece de referencias objetivas. Pocos pueden imaginar, de forma certera, el tamaño del patrimonio de Venezuela.

Para que no queden dudas presentamos esta infografía que ilustra 1 billón de US$. El ingreso más grande de recursos en la historia de nuestro país.

El venezolano promedio cuando quiere hablar de mucho dinero dice «pacas» o «maletines», y últimamente «maletas». Los imaginativos hablan de un camión lleno de billetes verdes y, los más atrevidos, de un conteiner de dólares. Esto es así porque la mayoría nunca hemos visto una «paca» de diez mil dólares (US$ 10.000) «amarraos en una liga».

Así se ve «una paca de 10.000 US$» equivalentes al sueño de ingreso anual de un trabajador venezolano de mediano nivel.

Un trabajador venezolano de nivel medio, después de treinta años de trabajo, no llega a ahorrar un millón dólares (100 paquetes de 10.000 US$). Así se vería un millón de US$ en billetes de 100 si lo tuviera a sus pies.

Les presentamos una gran fortuna: cien millones de dólares en billetes de US$ 100 (10.000 pacas de 10.000 US$).

Prepárense para ver 1.000 millones de dólares (100.000 pacas de 10.000 US$) en billetes de US$ 100. Se calcula que Venezuela le entrega entre seis y ocho veces esa cantidad en ayuda económica directa a Cuba, cada año.

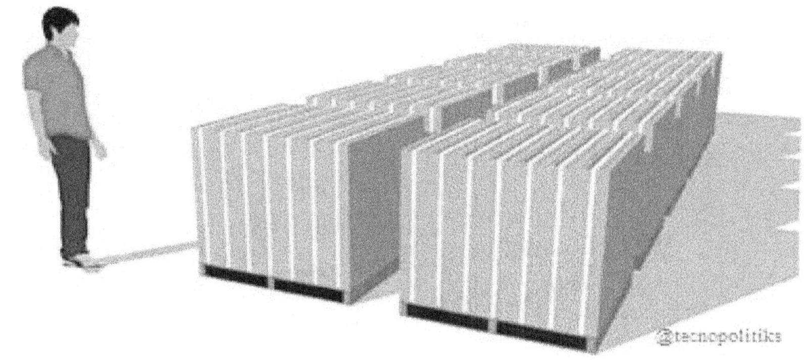

A continuación, le presentamos un billón de dólares (un millón de millones, es decir, 100 millones pacas de 10.000 US$). Observe el círculo rojo en la esquina inferior izquierda es una figura humana.

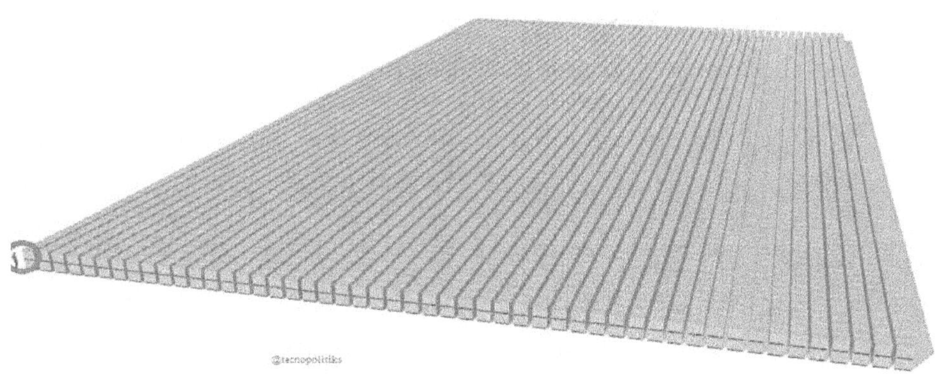

La misma cantidad un billón de US$ en billetes de 10 US$. El círculo rojo en la esquina inferior izquierda es una figura humana.

El edificio de dinero sería aproximadamente de cinco pisos de altura (14.5 metros) X 100 m de frente X 200 m de fondo. Si multiplicamos esta cantidad de $ haciendo la conversión a bolívares fuertes, al precio real del dólar, sería el rascacielos más alto de dinero.

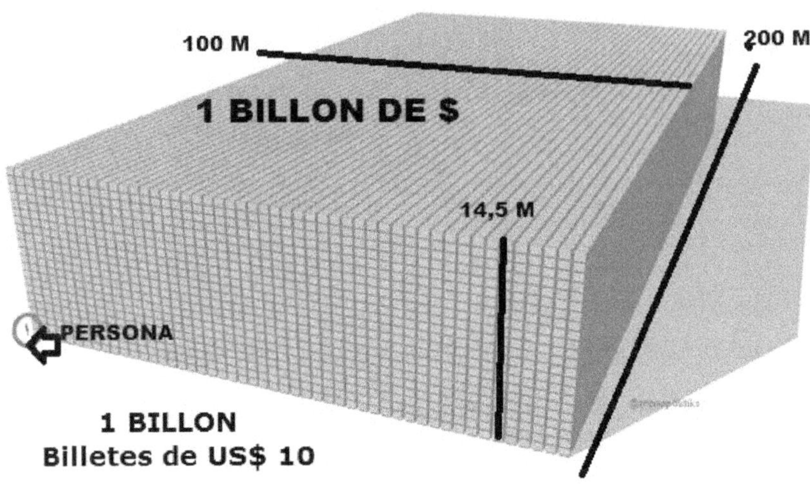

Esta cantidad a valor presente, ajustado a la inflación, es equivalente a diez veces el Plan Marshall y dos veces el New Deal, mediante los cuales Europa y EE.UU. alcanzaron su pleno desarrollo.

Quisimos tocar este tema porque los venezolanos tenemos derecho a saber cómo se ven y cuánto es realmente, la cantidad de recursos que ingresan a nuestro país. Cómo los administran los gobiernos civiles de los EF Centralizados que, con nuestro voto, acreditamos para que sean nuestros regentes. Además de la importancia que tiene el modelo de gobierno civil que elegimos para que sean utilizados en mejorar nuestra calidad de vida.

De esta astronómica cantidad de dinero, en los últimos quince años, el actual gobierno cívico-militar del modelo de EF Centralizado. ha administrado «el edificio de dinero» que usted anteriormente visualizo, es decir, la astronómica cifra de un billón de $ (un millón de millones de US$). Tanto dinero como Bill Gates y Carlos Slim juntos, los hombres más ricos del mundo en diez años.

¿Qué podríamos haber hecho en Venezuela con un billón de $?

Para comprender el tamaño de la pregunta y de la respuesta que deberíamos obtener, haré un resumen de cuatro megaproyectos de construcción, más o menos recientes, y sus costos (existen otros, pero con estos basta para ilustrar el punto).

1) Represa de las Tres Gargantas, China. Costo: veintinueve mil millones de dólares. Para que se den una idea de lo que los chinos han hecho con veintinueve mil millones de dólares. La represa en sí es el proyecto más grande de ingeniería que el homo sapiens ha llevado adelante en sus cincuenta mil años de existencia.

Este proyecto y su precio incluye:

- La construcción de tres ciudades (con hospitales, escuelas, liceos, universidades, etc.) para que viva un millón de familias en cada ciudad.

- La mudanza de 1,440 sitios arqueológicos.

- Reubicación de más de siete mil puentes.

- La construcción de más de diez mil kilómetros de carreteras y autopistas.

Sin hablar de los empleos de tres millones de chinos que durante doce años trabajaron en la construcción del proyecto.

2) Nuevo Aeropuerto de Hong Kong, China. Costo: veintidós mil millones de dólares.
Link: https://acortar.link/NibqY

Este proyecto incluyó:

- La construcción de una isla artificial de doce kilómetros en pleno mar.
- El puente colgante más largo del mundo (a los seis meses de su inauguración, fue desplazado al segundo lugar por la entrada en servicio de otro puente en Japón).
- El aeropuerto.
- Un sistema ferroviario de alta velocidad de treinta y dos kilómetros de largo.
- Una autopista de seis canales para conectar el aeropuerto con tierra firme.

3) Proyecto del Gran Río Artificial hecho por el hombre. Libia. Costo: dieciocho mil millones de dólares.
Link: www.water-technology.net/projects/gmr/

Este proyecto es la construcción de un río subterráneo, entre los yacimientos de agua dulce más grandes del planeta, ubicado a tres mil kilómetros al sur de Trípoli. El río subterráneo está compuesto de cuatro tuberías paralelas que recorren los tres mil kilómetros de distancia. Proyecto construido en el desierto con los problemas logísticos que implica trabajar en un ambiente con temperaturas promedio de 50°C y en un suelo compuesto por las arenas más móviles del planeta.

4) Euro túnel, Francia-Inglaterra. Costo: quince mil millones de dólares.

Link: https://cutt.ly/omoKC81

Este proyecto implicó la construcción de tres túneles de cuarenta kilómetros, cada uno, que van por debajo del lecho marino en el Canal de La Mancha. Permite la circulación de hasta 600 trenes al día. En él trabajaron (directamente) quince mil personas durante diez años.

Como verán, estos cuatro gigantes de la ingeniería, verdaderos monumentos a la capacidad técnica y financiera de la humanidad, suman aproximadamente ochenta y tres mil millones de dólares americanos.

Cuando comprendemos que, con solo iniciar, en nuestro país, cuatro megaproyectos como los que nombramos más arriba, a un costo aproximado de ochenta y cuatro mil millones de dólares, una verdadera bagatela comparada con el 1,6 billón de dólares despilfarrado en los últimos treinta años, se generaría suficiente trabajo para emplear a todos los profesionales (actualmente desempleados) en todas las áreas; además de los que todavía están en preparación en las universidades y politécnicos. También a los buhoneros, todos los taxistas, incluso, a los delincuentes que roban porque tienen hambre. Se generaría empleo a tal punto que nos veríamos en la necesidad de importar mano de obra y talento técnico, pero ya sabemos que eso no está sucediendo.

Ante esto, la comparación necesaria se resume en una sola y simple pregunta: en treinta y cinco años, ¿dónde y en qué se ha invertido 1,6 billón de $?

Es fácil deducir, comparando los montos de dinero gastado, con la infraestructura entregada hasta la fecha al país, por los presidentes de la República del Estado Federal de poder Centralizado, con Gobierno Presidencial Imperial (EFC/GPI), no nos queda más concluir que las cuentas no cuadran. La sospecha de una megacorrupción, de grandes proporciones, amenaza nuestra imaginación. Sin embargo, esta sospecha la confirma la situación actual en que se encuentra Venezuela, como veremos a continuación, con las evaluaciones efectuadas por diversos organismos internacionales de reconocida probidad y capacidad técnicas.

El Fraser Instituto de Canadá elabora un ranking donde evalúa la libertad económica. Este se hace en función de cinco componentes: tamaño del gobierno, sistema legal y derechos de propiedad. Además de la existencia de una moneda sana, libertad de comercio internacional, y regulaciones crediticias, laborales y de negocios.

El índice de libertad económica de Venezuela, entre 162 países examinados en 2019, se hizo con una data 2017. Este es el último año para el cual existe data disponible y comparable entre los países.

Venezuela ocupó el último lugar entre 152 países evaluados en el Informe Anual de Libertad Económica en el Mundo 2014. Trabajo publicado por el Fraser Institute de Canadá y divulgado por el Centro de Divulgación del Conocimiento Económico para la Libertad (Cedice Libertad).

La puntuación obtenida por Venezuela en el Rankin fue 3,89 sobre 10, muy por detrás del promedio mundial que se situó en 6,84 sobre 10. «El año pasado Venezuela quedó ubicado en esta misma posición, lo que indica que sigue siendo el país menos libre del mundo sin visos de recuperación, sino de más represión y controles», destacó Cedice en una nota de prensa.

En una escala de 10, Venezuela obtuvo en Libertad Económica: 2,58/10,00. Tamaño de gobierno: 4,58/10,00. Sistema legal (independencia del Poder Judicial y derechos de propiedad): 1,98/10,00. Moneda sana: 0,98/10,00. Libertad de comercio internacional: 3,18/10,00. Regulación crediticia, laboral y de actividad empresarial: 2,49/10,00.

Venezuela se ubicó en el puesto 127 entre 129 países en el Índice Internacional de Derechos de Propiedad 2020 (IPRI, por sus siglas en inglés), el segundo país de Latinoamérica y el Caribe que menos respeta este derecho humano, esencial para la actividad económica y la vida humana.

Al detallar el informe se observa que Chile es el país latinoamericano mejor posicionado, al ocupar la casilla 10 con una puntuación de 7,84 puntos. Perú, en el puesto 20 y Costa Rica en el lugar 23, son las otras dos naciones latinoamericanas mejor situadas.

El informe Anual de Libertad Económica 2014 quedó encabezado por Hong Kong, con 8,98 puntos. Singapur, con 8,54 puntos, y Nueva Zelandia, con 8,25 puntos. En el Cedice aseguran que la relación entre libertad económica y prosperidad es innegable.

El Heritage Foundation, un instituto de investigación y educación integrado por un grupo de expertos patrocinados por el *Wall Street Journal,* clasifica en una escala 0 a 100 las economías de 179 países de acuerdo a la libertad económica, en base a subíndices de libertad económica, seguridad y prosperidad, según investigaciones de organismos internacionales calificados y la información de los propios países. La misión de este instituto consiste en formular y promover políticas públicas basadas en los principios de la libre empresa, gobierno limitado y la libertad individual.

Los diez primeros países del ranking 2014 son:

- Hong Kong 89,6 / 2.
- Singapur 89,4 / 3.
- Nueva Zelandia 82,1 4.
- Australia 81,4 4.
- Suiza 80,5.
- Canadá 79,1.
- Chile 78,5.
- Estonia 78,8.
- Irlanda 76.6.
- Estados Unidos 76.2.

Los cuatro últimos países del ranking 2021 son:

- Sudán 39. 1 (posición 175).
- Cuba 28, 1 (posición 176).
- Venezuela 24, 7 (posición 177).

- Corea del Norte 5, 2 (posición 178).

Según el índice de prosperidad: El Instituto Legatum (www.li.com), una organización independiente de investigación y promoción de políticas que promueve la libertad política, económica e individual en el mundo en desarrollo y en transición; evalúa 110 países que representan más del 90 por ciento de la población mundial, en base a 89 variables diferentes, cada una con un efecto demostrado sobre el crecimiento económico y el bienestar personal.

El índice está compuesto por ocho subíndices que representan un aspecto fundamental de la prosperidad: ingreso per cápita y promover el bienestar general de sus ciudadanos.

Venezuela se ubica en el puesto 100, el peor de Suramérica y solo superado por Honduras (105). Noruega sigue siendo el país más próspero del mundo por sexto año consecutivo. Le sigue Suiza y, en tercer lugar, la ascendente Nueva Zelanda debido a su resurgimiento económico, informó *The Guardián*. El índice es desarrollado por el Instituto Legatum con sede en Inglaterra e incluye a 142 países.

A Venezuela los mejores índices del país se le asignan a Educación y Salud. Por el primer factor el país queda en el lugar 52 del mundo y por el segundo en el 74.

Otras medidas tienen peores calificaciones, la más negativa es la asignada a gobernabilidad, por la cual Venezuela ocupa el lugar 134 del ranking de 142 países.

Estos son los lugares que ocupa en cada una de las categorías que incluye el ranking global:

- Economía (posición 104).

- Emprendimiento y oportunidades (posición 87).

- Gobernabilidad (posición 134).

- Educación (posición 52).

- Salud (posición 74).

- Seguridad Personal (posición 116).

- Libertad Personal (posición 108).

- Capital Social (posición 94).

Con respecto a las posiciones de años anteriores, Venezuela cayó 22 puestos respecto al ranking 2013.

- Clima empresarial y desarrollar nuevas ideas.

- Gobernabilidad, crecimiento económico y bienestar de los ciudadanos.

- Educación para la sociedad del bienestar.

- Infraestructura de salud física y mental.

En Venezuela las cifras y porcentajes de las principales patologías son, encabezadas por enfermedades del corazón, diversos tipos de cáncer, homicidios y accidentes viales.

Las cifras de homicidios y fallecidos por accidentes de tránsito mantienen un ascenso continuo. En el 2010 la tasa fue de 48 por 100.000h.

En el año 2008 los accidentes de tránsito ocasionaron 7.714 fallecidos, lo cual corresponde a una tasa de 28 por 100.000h.

En el año 2014 los accidentes de tránsito ocasionaron 10.791 fallecidos, lo cual corresponde a una tasa de 37,2 por 100.000h, la tasa más elevada de mortalidad por accidentes de tránsito en los continentes americano y europeo.

Los índices y subíndices nos ofrecen dos análisis importantes: primero, una evaluación económica, y segundo, una evaluación del bienestar de un país. Noruega encabezó el índice del año 2011 por delante de Dinamarca y Suiza, con los Estados Unidos en el puesto 10, por delante de las grandes naciones europeas como Gran Bretaña, Alemania y Francia, que siguen en la posición 20. Zimbabue ocupa el último lugar, después de la República Centroafricana y Pakistán. Los diez primeros países en 2011 fueron:

- Noruega.

- Suiza.

- Holanda.

- Dinamarca.

- Canadá.

- Singapur.

- Suecia.

- Australia.

- Finlandia.

- Hong Kong

Venezuela en la posición 56, Uganda en la 91. Cambodia en la 92, y Jordania en la 93.

En 2014 cerramos en América Latina, después de Brasil, con Chile en el puesto 31. Panamá en el puesto 37. Perú en el 40. México en el 41. Colombia en el 45. Argentina en el 53 y Venezuela en el 59 (**Fuente**: EFE).

Según el índice de desarrollo del Foro Económico Mundial, que define el desarrollo como «el conjunto de instituciones políticas y factores que determinan el nivel de productividad de un país». Entre 142 países, Venezuela ocupa el lugar 124 (Carolina Jaimes Branger, en: *El Universal*. 26/09/11. Página 3-8, Índices de desolación).

El Informe de Competitividad Global 2013-2014, probablemente el más exhaustivo estudio de la capacidad de competir internacionalmente de cada país, mide las instituciones, la infraestructura, el clima empresarial, la educación, la preparación tecnológica y la innovación de cada uno de los países. Como el año pasado, Suiza encabeza la lista de 148 países seguida de Singapur, Finlandia, Alemania, Estados Unidos, Suecia, Hong Kong, Holanda, Japón e Inglaterra. El país latinoamericano que ocupa el puesto más alto en el *ranking* es Chile (puesto 34), seguido de Panamá (40), Barbados (47), Costa Rica (54), México (55) y Brasil (56). Más abajo se encuentran Perú (61), Colombia (69), Ecuador (71), Uruguay (85), Guatemala (86), El Salvador (97), Bolivia (98), Nicaragua (99) y Argentina (104).

Al final del *ranking*, entre los países menos capacitados para competir en el mundo, figuran Venezuela (134) y Haití (143). Venezuela cayó ocho puestos con respecto al *ranking* del año pasado, siguiendo con su caída en picada durante los últimos años. Ahora se encuentra al nivel de Uganda, Zimbabue, Mozambique, Haití y Chad.

Índices de inflación en países de la región 2012 – 2013:

Región	Año 2012	Año 2013
Argentina	10,80 %	10,09 %
Bolivia	4,54 %	6,48 %
Brasil	5,84 %	5,91 %
Colombia	2,44 %	1,94 %
Costa Rica	4,55 %	3,68 %
Cuba	**No disponible**	
Chile	1,50 %	3,00 %
Ecuador	4,16 %	2,70 %
El salvador	080 %	080 %
Guatemala	3,45 %	4,39 %
Honduras	5,40 %	5,18 %
México	3,57%	3,97 %
Nicaragua	6,62 %	5,54 %
Panamá	5,70 %	3,70 %
Paraguay	4,00 %	3,70 %

Perú	2,65 %	2,86 %
República Dominicana	3,91 %	3,88 %
Uruguay	7,48 %	8,52 %
Venezuela cerró 2020 con una inflación acumulada de 3713 % de acuerdo con el Observatorio Venezolano de Finanzas.		

Transparency International, con sede en Berlín y en más de 70 países, expide un estudio anual sobre corrupción en el mundo. En el Informe IPC 2020, Venezuela es percibido como el país más corrupto del continente americano. Dinamarca y Nueva Zelanda encabezan los menos corruptos en el mundo. Siria, Somalia, Sudán del Sur y Venezuela están al final con 14, 12, 12 y 15 puntos, respectivamente, en una escala de 100.

Existe una correlación entre la ausencia de corrupción y un mayor gasto en sanidad, así como entre la centralización del poder en el presidente de la República, y un aumento de la pobreza, opresión, atraso y corrupción. En Venezuela, la Constitución le otorga al presidente de la República un poder político, económico, educativo e investigativo exagerado. Dicho poder convierte al Gobierno en un generador de miseria, pobreza, opresión, atraso y corrupción, incapaz de satisfacer las necesidades de desarrollo de las regiones y de sus poblaciones que crecen y, con ellas, los problemas y la complejidad de la administración de los asuntos públicos.

Desde el punto de vista humano y administrativo es imposible para un presidente de la República, y sus colaboradores que, teniendo todo el poder y las mejores intenciones, puedan gerenciar con eficiencia las innumerables necesidades y complejidades del desarrollo del país.

Los resultados de los bien intencionados esfuerzos, en apariencia, del presente EF Centralizado, y de por lo menos los tres quinquenios precedentes, constituyen las evidencias de la muerte técnica del modelo federal centralista de los 23 estados y 335 municipios actuales de la incipiente y tímida descentralización administrativa del Régimen de Gobierno presidencialista, de la democracia representativa de partidos de partidos que secuestran los derechos de la ciudadanía por manos de cogollos sectarios.

Estamos presenciando la muerte de la economía centralizada, sostenida por la propiedad estadal de la empresa Petróleos de Venezuela (PDVSA). Ante la muerte técnica de la educación e investigación centralizadas. Igualmente, ante la muerte técnica de la cultura política y de los partidos tradicionales y maneras convencionales de hacer política. Ante la muerte técnica de la Constitución actual que, en sus aspectos sustanciales, es una versión aumentada de la Constitución de 1961, y doctrinalmente idéntica a la Constitución totalitaria marxista de la URSS de Stalin (en 1936). La misma le otorga más de 67 atribuciones ejecutivas, directas e indirectas al presidente de la República, quien impide la existencia de instituciones políticas y económicas confiables, honestas y eficientes.

LEY DEL CICLO DE VIDA DE LOS MODELOS FEDERALES CENTRALIZADOS

> *Solo hay dos cosas infinitas, el universo y la estupidez humana,*
> *y no estoy tan seguro de la primera.*
>
> Albert Einstein

Existen leyes empíricas en pedagogía política, extraídas de la experiencia histórica; por ejemplo: «El poder corrompe y el poder absoluto corrompe absolutamente» ... «Sin electrificación y ferrocarrilización no hay desarrollo industrial» ... bajo esta óptica la Ley del ciclo de vida de los estados federales centralizados, tienen las siguientes particularidades:

- Los EF Centralizados nacen por pactos o acuerdos políticos explícitos o encubiertos para fundar países mediante Constituciones que centralizan el poder político, en gobiernos fuertes y autoritarios.

- Los EF Centralizados crecen por multiplicación de organismos gubernamentales centrales y obras nacionales para consolidar los países.

- Los EF Centralizados se desarrollan y dan paso a democracias representativas que muestran lo mejor de este modelo, y debe dar paso a un estadio superior de desarrollo social que se llama EF Descentralizado. En la década de 1980 se presentó el momento en Venezuela para dar el salto cuántico al modelo superior, pero los líderes de aquel entonces, con algunas excepciones, no lo supieron identificar. Era el momento de haber potenciado las maravillosas sugerencias de la comisión para la reforma del Estado a través de la descentralización de país (La COPRE).

- Los EF Centralizados mueren técnicamente ahogados en la pobreza, corrupción, miseria, ignorancia, injusticia, exclusión social y malversación acumuladas que ellos mismos generan por la incapacidad estructural y funcional que le son inherentes y, por tanto, resultan en mega crisis y devastaciones integrales ante las cuales son impotentes.

En nuestro país se cumplió el ciclo de vida de los EF Centralizados

- **Nacieron** por pacto y reparto de poder entre los dirigentes políticos caraqueños y Juan Vicente Gómez (1908-1935). Sirvieron a este último para fundar un país partiendo de nueve (9) regiones anarquizadas y desvinculadas entre sí, previa liquidación militar del caudillismo regional y la subsiguiente conformación de un Estado Federal Centralizado con un fuerte gobierno autoritario, y una economía centralizada con base en la naciente renta petroestadal, además de un modelo educativo e investigativo centralizado. Todo debidamente legalizado con la Constitución centralista de 1901, con retoques sucesivos que culminaron en la Constitución hipercentralizadora de 1925, cuyos principios centralistas se trasladan a la próxima Constitución. La población nacional era muy pequeña. La pobreza, ignorancia, exclusión social, corrupción administrativa y malversación eran altas.

- **Crecieron** por inercia. Sirvieron a Marcos Pérez Jiménez (1948-1958), cuya caída dio paso a la democracia representativa para consolidar el país mediante la construcción de grandes obras de infraestructura vial, industrial, urbanística, hospitalaria, energética, etc.; con cargo en la renta petroestadal que se había incrementado significativamente. Todo estaba legalizado con la Constitución de 1953 cuya esencia centralista se trasladó a la próxima Constitución. La población nacional creció. La pobreza e ignorancia acumuladas, la exclusión social, la corrupción administrativa y la malversación, también crecieron.

- **Se desarrollaron** (1961-1983). Los presidentes puntofijistas de Betancourt a Caldera, amparados en la Constitución centralista de 1961, cuyo principio centralizador del poder persiste en la Constitución actual, desarrollaron los modelos centralizados de Estado, Economía, Educación e Investigación, como expresión máxima de la democracia representativa. La población nacional creció entre 1961 y 1983, años en los que se obtuvo índices de asistencia educativa, médica, paridad y estabilidad cambiaria, tasas de crecimiento macroeconómico, inversión, inflación y productividad muy satisfactoria.

- **Murieron** (1983-2015). La población nacional llegó a treinta millones de habitantes, estos índices y tasas de crecimiento favorables, a partir de 1983, se desplomaron en las décadas siguientes (a partir del viernes negro). Así el modelo de EFC que heredamos de la Colonia española, murió técnicamente ahogado en la pobreza, la corrupción, la miseria, la ignorancia, la injusticia y la exclusión social que el mismo modelo géneró. De esta manera se reveló en toda su extensión como una momia generadora de la actual crisis y devastación, ante la cual es impotente.

La contracción económica venezolana por veinte años consecutivos (1968-1988) tuvo como consecuencia inevitable el empobrecimiento de la nación y sus habitantes. Al Estado asumir funciones (AICEP: Agricultura, Industrias, Comercio) que no le corresponden y tratar de ser empresario, subió el gasto público de manera exponencial, y no cumplió con los servicios que le correspondía atender como Estado (SOPJO: Salud, Obras Públicas, Justicia, y Orden), por lo que estos se vinieron abajo. El malestar de la población se hizo evidente, así como el repudio a los partidos políticos gobernantes, y a empresarios que habían vivido a la sombra del Estado.

El pueblo venezolano se volcó en la búsqueda de un nuevo mesías que no estuviera contaminado, que no fuera de los partidos que repudiaba, y de pronto surge un caudillo: Hugo Chávez.

La aparición en la política venezolana del expresidente Hugo Chávez, fue consecuencia de esa crisis estructural. Su gran acierto: el hábil manejo político de las nefastas consecuencias del centralismo.

Muerto técnicamente el modelo centralizado, momificado y consagrado en la Constitución centralista de 1961, surge Chávez prometiendo erradicar la pobreza, ignorancia, corrupción y exclusión social acumuladas por el modelo centralista. Manejando política y acertadamente las nefastas consecuencias del centralismo, se apoyó en ellas para ascender al poder.

Su gran error: no identifico el origen estructural de la crisis, y esto lo llevó a preservar y momificar aún más el centralismo en la Constitución de 1999. Hizo un Estado todopoderoso personalizado en él como presidente con una nación dependiente de las dádivas del Estado en materia alimentaria, financiera, educativa, investigativa y asistencial.

Chávez no entendió que el centralismo del poder alrededor de la renta que producía el petróleo. Este hidrocarburo es una materia prima fundamental de la producción, pero no la única. Si no se industrializa ni se explota, si no se trabaja ni se ofrecen sus productos al mercado, si, además, no se diversifica la economía con la gran cantidad de *commodities* que tiene Venezuela y no se les permite a las familias venezolanas asumir el rol que Dios les dio de transformar los productos naturales renovables y no renovables, para fomentar y generar (AICEP: Agricultura, Industrias, Comercio, etc.) de nada sirven.

Los EF Centralizados no han sido instrumentos eficaces para superar la pobreza, ignorancia, exclusión social y devastación institucional acumuladas en ningún país del mundo, ni en ninguna época de la historia de la humanidad. La aparición de Chávez fue consecuencia de esa crisis, y al no saber identificar el origen de la misma, vemos actualmente que los resultados exhibidos, de su proyecto político, y la forma arbitraria de hacer política, empeoraron aún más los problemas del país.

Esta monstruosa concentración de poder, en nuestros gobernantes es lo que ha causado y potenciado el fracaso del modelo del EF Centralizado.

El EF Centralizado es un problema estructural que debemos resolver. El EF Centralizado no se soluciona con el simple cambio de un gobierno por otro o de un presidente por otro.

Alerta…

La cosa venía mal. La cosa va mal. La cosa va a seguir mal.

Esto se pone de manifiesto en los «avisos que nos dio y nos sigue dando la democracia» en los últimos treinta y cinco años. Nos lo ha mostrado mediante diez hechos relevantes a los cuales no se les ha dado la importancia que, dentro de este contexto, tienen:

1. El viernes negro (1983). Día en que el bolívar se devaluó en un 100% e inició su indetenible rodada cuesta abajo. Fecha de la defunción técnica de los modelos centralizados de Estado.

2. El caracazo (1989). Ira explícita de los pobres y excluidos cuando bajaron de los cerros en contra del fracaso de los gobernantes e implícitamente contra los modelos centralizados de Estado, Economía, Educación e Investigación; técnicamente muertos pero momificados.

3. El enjuiciamiento y destitución del presidente Carlos Andrés Pérez, que es la maniobra jurídica con la cual los partidos deciden sacarlo del juego político y desentenderse del fracaso de los modelos de Estado centralizados a los que deciden embalsamar aún más.

4. Inicio de la descentralización política y administrativa (1989). Elección de gobernadores y alcaldes, Régimen Municipal, Ley de Transferencia de Competencias a los 23 estados y municipios. A

pesar de sus fallas permitió la aparición de los liderazgos regionales que se han constituido en el principal bastión de defensa de la democracia representativa. La consolidación jurídica de la descentralización política y administrativa, en su inicio, fue la respuesta parcial tímida y mediatizada por el poder central frente a la muerte técnica y preservación artificial de los modelos centralizados de Estado. La profundización integral de la descentralización política y administrativa puede llevar a la democracia a su estadio superior: representativa y participativa.

5. La debacle electoral de los partidos tradicionales (1998) representan la quiebra política y la de su obra conjunta: los modelos centralizados de Estado, técnicamente muertos desde 1983 y sistemáticamente insuflados con vida artificial.

6. El Golpe de estado de 4 de febrero de 1992.

7. El Firmazo 2003 y refirmazo (atrasado y amañado durante un año) del referéndum presidencial, el cual fue la manifestación de cuatro millones de ciudadanos (30% del padrón electoral) en el sentido de que sea relevado el gobierno actual. Sin embargo, el alto nivel de abstención, que se manifestó al mismo tiempo, rondaba el 70%; además de un 30 a 35 % de indiferentes llamados los «niní-niní», que rechazaban los modelos centralizados de Estado. A pesar de las apariencias y montajes protocolares, prosopopeyas, solemnidades y pompas burocráticas, no tienen vida en sí mismos y, por tanto, no pueden darla al país.

8. Los recurrentes cuestionamientos a los resultados electorales (todos) que, a pesar de lo insistentes intentos del gobierno por hacer ver a propios y extraños la transparencia del CNE, sus

sesgadas opiniones y maneras de actuar, hacen que la mayoría de los venezolanos desconfíen de sus resultados. Por ende, el órgano que debería ser la caja de resonancia de la sociedad, imparcial e independiente, mantiene una estrecha afiliación con el gobierno, sin que algunos de sus rectores se preocuparan en el pasado, o actualmente, de que los vean en actos de proselitismo político con bandanas y símbolos que identifican al partido oficialista.

9. Los últimos tres quinquenios son la expresión superior de la devastación que pueden generar y descargar los modelos centralizados de Estado cuando están técnicamente muertos pero infatuados de vida.

10. La cuestionada nacionalidad del presidente constitucional de Venezuela. La mayoría de los venezolanos dudan de su ciudadanía, o legalidad, para ejercer la primera magistratura. No son pocas las páginas de investigaciones de su nacionalidad, en todo caso, algo tan sencillo como una partida de nacimiento o su inserción en algún registro civil venezolano, se ha transformado en toda una novela de intrigas y misterios, hasta ahora, aparentemente, el único ente que la tiene en su poder es el CNE.

Ante estas evidencias podríamos afirmar, sin temor a equivocaciones, en pocas palabras que en Venezuela el modelo de Estado Federal de poder Centralizado-presidencial como modo de gobierno, o sea el centralismo, cumplió su ciclo de vida.

Tomando en cuenta cada uno de estos hechos carece de sentido identificar, como única causa de la de la crisis, la ilegitimidad por pésimo desempeño de los gobiernos y sus políticas más o menos racionales, bien intencionadas, absurdas o disparatadas; explicadas hasta la saciedad en función de los intereses políticos, personales o grupales, y perfiles de la personalidad de los presidentes de la República de turno, ni imputarles a estos todo el fracaso del país.

Los analistas se inclinan poco a estudiar de manera exhaustiva la otra causa de la crisis: las características de los modelos de EFC. No estudian por qué estos modelos permiten a psicópatas (Hitler, Mussolini, Napoleón III, Bucaram, etc.) conquistar el poder para desarrollar crisis y devastaciones integrales.

No analizan cómo y por qué los modelos EFC consagrados en las Constituciones supercentralistas, elaboradas con base al principio monopolizador del poder político, económico, educativo e investigativo, han depositado en manos de todos los presidentes de la República un poder imperial que han usufructuado a discreción.

Daron Acemoğlu y J. Robinson de la Universidad de Harvard, en el libro *Por qué fracasan los países,* demuestran que dicho fracaso es determinado por «los distintos incentivos que generan las instituciones políticas y económicas de una sociedad».

David S Landes en su libro La riqueza y la pobreza de las Naciones, afirma que la cultura y los valores son la fuerza motriz del desarrollo económico, especialmente la libertad económica que incluye la propiedad privada, la gobernabilidad eficiente, el comercio global e instituciones eficientes.

EE. UU., Israel, UE, Europa del Norte e Inglaterra, son los países líderes más poderosos, prósperos y estables de la civilización occidental.

Estos se organizan y gobiernan con el modelo de estado federal de poder descentralizado de gobierno. Así como con la democracia parlamentaria y el orden político de Dios (EFD/GDP-OPD), que crean instituciones políticas y económicas democráticas, productivas, honestas y eficientes. Este modelo está en la Biblia, de donde lo copiaron los dirigentes políticos fundadores de los Estados Unidos de Norteamérica.

Después de la Segunda Guerra Mundial, la URSS y China amenazaron con borrar la civilización occidental con la Guerra Fría y la revolución de la Internacional Comunista. La razón, según los comunistas, se debía a la inevitable superioridad de la dictadura del proletariado, del EFC/GPI-HPH que el marxismo adoptó con la promesa de acabar con la pobreza, la ignorancia y la opresión.

El marxismo y la dictadura del proletariado fracasaron.

¿Qué fue lo que derrotó al marxismo y enjugó la pobreza y devastación de Europa Occidental y Japón después de la segunda Guerra Mundial, España después de Franco y Portugal después de Salazar? El factor determinante es que eran caldos de cultivo de la revolución comunista. La respuesta correcta fue la implantación del EFD/GDP-OPD.

El EFD/GDP-OPD se basa en siete Derechos Políticos a la vida, libertad, propiedad, producción de riqueza, juicio justo o debido proceso, felicidad y libertad para elegir y ser elegido funcionario público. Así como en los siete Derechos autonómicos regionales para que las regiones y municipios cuenten con sus propios territorios, y subsistemas económicos, políticos, educativos, judiciales y militares. Todos ellos garantizados por una Constitución o un pool de Leyes que distribuyan el poder entre los tres poderes y los ciudadanos.

El EFD/GDP-OPD promueve instituciones democráticas, sanas y una Educación e investigación integral convencional y politécnica de excelencia que son la fuerza motriz del desarrollo económico, la productividad, prosperidad, gobernabilidad y alta calidad de vida sostenibles.

El EFD/GDP-OPD multiplicó por 50, en pocos años, la productividad. La inversión en salud pasó de 0 % del PIB a 8-12 %. En educación de 2 % a 10 % o más. La mayor parte de este incremento lo generaron y disfrutaron los ciudadanos de las regiones otrora sometidas y explotadas por los Gobiernos del EFC/GPI-OPD.

Se demostró que el comunismo no puede existir en un clima de libertad y producción masiva de riqueza promovida por el EFD/GDP-OPD, ya que disipa la conflictividad y la polarización política y económica.

Estados Unidos nació, creció y se desarrolló sobre los Derechos y Principios políticos del EFD/GP-OPD. «Lo expresan sus leyes, sus empresas, sus costumbres y su sociedad, que es una nación cristiana» (Suprema Corte de Justicia de EE. UU. 28-02-1892). George Washington, Libertador y primer presidente de los EE. UU. dijo: «Es imposible gobernar rectamente el mundo sin Dios y la Biblia».

En el dinero de EE. UU. se lee: *In God we trust* (En Dios confiamos), una frase que se repite seis veces en el Salmo 56 de David.

Los países se convierten en subdesarrollados porque se organizan, y gobiernan, con el EFC/GPI-OPH perpetuado más allá de su vida útil por Constituciones marxistas, totalitarias, que causan crisis sociopolíticas muy grandes. Las mismas han motivado al marxismo, derrotado, a transformarse en la Internacional Socialista del siglo XXI, mejor conocido como el Foro de Sao Paulo. Este pretende, de nuevo, y en alianza con China, Rusia, Irán, Hamas y Hezbollah, barrer los valores y principios del EFD/GDP-OPD, y los cimientos de la civilización occidental, con la neorevolución marxista representada en el Socialismo del siglo XXI.

La actual vicepresidenta de Argentina, Cristina Kirchner, definió el Foro de Sao Paulo, como un «Manual de instrucciones políticas para saqueos, violencia y desestabilización de gobiernos que tiene su historia … (de quienes) al no poder conciliar con los votos, tienen este tipo de actitudes … (apelando) a la articulación de sectores de extrema pobreza con sectores políticos y sindicales para atacar objetivos específicos como el transporte o los supermercados en 2001». Thays Peñalver. Venezuela y la Primavera Latina, 25/11/19. En el diario El Nacional, tomado de El Independiente, de España.

El manual consta de dos programas:

Programa 1. Producir enormes y violentas protestas con saqueos de comercios, como las desplegadas en Venezuela (1989), Argentina, Chile, Perú, Colombia, Brasil y México en 2019, 2020 y 2021, prometiendo solucionar todos los problemas con el Progresismo / Socialismo del siglo XXI.

Programa 2. Participar y ganar a fuerza de populismo las elecciones presidenciales, y usar los poderes imperiales que le concede la Constitución marxista socialdemócrata al presidente de la República para asociarse con las trasnacionales de la droga, extorsión y el lavado de dinero; destinar parte significativa de las ingentes ganancias a sostener a Cuba y a la subversión y campañas electorales.

Es una agresiva neo amenaza marxista que puede ser erradicada para siempre, de la misma forma que se hizo con la amenaza de la dictadura del proletariado, promoviendo la sustitución del EFC/GPI-OPH y su Constitución, por el EFD/GPD-OPD y una nueva Constitución. con la ayuda de todo el poder de persuasión, presión, mediático y autoridad moral y política de la civilización occidental.

De manera, amigo venezolano, y lector de este texto, que no se trata de conformarnos con solo rezar y más nada. Se trata es de aplicar los que ya han aplicado los países más prósperos y avanzados del mundo. La palabra de Dios y, como no sabemos cómo se come eso, siendo pragmáticos. Impulsemos con fuerza a las mentes adecuadas para liderizar y realizar el gran cambio que acá se profesa, el cual usted entenderá mejor al terminar de leer esta propuesta que, sin duda, recoge lo que ya nosotros entendimos. Sabemos que allá arriba esté el que para abajo mira y ÉL, solo ÉL, que es capaz de desatar una tempestad para hacer llover como nunca sucedió en el Campo de Carabobo el pasado 24 de junio de 2021, nos ayudará a hacer realidad este reseteo que amerita urgentemente nuestro bendecido país.

Un modelo de Estado inviable

Sin embargo, todo no ha sido en vano. Aún nos queda país, aunque en vía de extinción, a pesar de 200 años de las Constituciones centralizadoras del poder que impusieron los modelos centralizados de Estado.

Hoy, desde el punto de vista de sus estructuras, modos de funcionamiento y resultados devastadores acumulados, los modelos centralizados están técnicamente muertos, aunque sean legales y parezcan vivos. Están momificados y embalsamados; la verdad inocultable es que son ilegítimos por sus desempeños.

Los presidentes de la República con todo el poder que han detentado, y pudiendo adelantar por vías constitucionales la sustitución de los modelos centralizados cuando era evidente que estaban técnicamente muertos, prefirieron preservarlos a punta de subterfugios, evasivas, dinero, sangre y fuego; bloquearon a los delfines que podían sucederlos quizá con ideas renovadoras, para seguir sentados en el trono imperial del palacio de Miraflores.

El expresidente Chávez tuvo oportunidad sin precedentes para sustituir los modelos centralizados, manifestó que deseaba «hacer una revolución pacífica, civilista, democrática, participativa e irreversible, que erradique la miseria, la injusticia y la corrupción administrativa que nos tienen hasta la coronilla». Sin embargo, ya sabemos que no lo hizo, solo centralizó y agravó aún más los problemas del país, aunque hay que reconocerle que sacó a la luz los graves problemas de la Venezuela pobre, problemas a los que antes se les daba la espalda o sencillamente se les ignoraba.

Ninguna nación ha burlado la ley del ciclo de vida de los modelos centralizados. François Mitterrand en 1981 manifestó que: «Francia tuvo que acudir a un poder fuerte y centralizado para hacerse. Hoy necesita un poder descentralizado para no deshacerse».

Allan Brewer Carías, en 1982, señala que: «la democracia fue implantada y estabilizada gracias al Estado centralizado» y que «no hay democracias en el mundo contemporáneo que no estén acompañadas de una organización estatal basada en la descentralización, llámese federación, comunidades autónomas, o regiones políticas y, sobre todo, en la multiplicación del gobierno local que ello implica, de manera que el poder esté efectivamente cerca del ciudadano. Es necesario definir un nuevo proyecto basado en la descentralización política». (*El Nacional,* p.A7 del 13-12-2002).

Un nuevo proyecto de país basado en la descentralización política, económica, educativa e investigativa, puede ser elaborado tomando como ejemplos lo que fue efectivo para superar la devastación de Europa Occidental después de la Segunda Guerra Mundial y la de España después de Franco, gracias a la sustitución de los modelos centralizados de Estado, Economía y Educación que estaban clínicamente muertos, por modelos descentralizados.

Las Constituciones centralizadoras del poder político, como las que hemos tenido hasta ahora, formulan modelos centralizados que producen dos clases de gobiernos:

- Los patriarcales, que tratan a los ciudadanos como si fueran menores de edad con derechos parciales y restringidos.
- Los gobiernos autoritarios que los tratan como esclavos sin de derechos.

Ambas formas de gobiernos originan devastaciones integrales.

Existen dos ejemplos históricos extraordinariamente elocuentes y pedagógicos. El primero ocurrió en Europa Occidental que quedó devastada después de la Segunda Guerra Mundial desatada por los gobiernos autoritarios de Alemania e Italia. Ambos países eran comandados por presidentes carismáticos, entronizados por modelos centralizados y democracias representativas, prescritos por Constituciones centralizadoras del poder político, económico y educativo e investigativo. El segundo ejemplo ocurrió en España, nación que quedó devastada después de la Guerra Civil y la tiranía franquista.

Los presidentes Hitler en Alemania y Mussolini en Italia usaron los modelos centralizados, primero, para conquistar el poder, y después para desencadenar devastaciones integrales.

El tirano Franco tomó el poder tras ganar la Guerra Civil y utilizó los modelos centralizados para sumir a España en una larga noche que duró treinta y seis años, signada por el atraso económico, social, político y educativo.

La historia provee un plan extraordinariamente efectivo para superar de manera definitiva las devastaciones arriba mencionadas y sus causas. «El Plan de Recuperación de Europa», expuesto en una conferencia el 5 de junio de 1947, por el secretario de Estado George C. Marshall, en la Universidad de Harvard, donde presentó el esquema de lo que después se conocería como el Plan Marshall.

PLAN MARSHALL, DEVASTACIÓN DE EUROPA Y LA SEGUNDA GUERRA MUNDIAL

Al término de la Segunda Guerra Mundial Europa Occidental se encontraba en una situación desesperada. La producción económica se había reducido al veinte por ciento de lo que fuera antes de la contienda. La mayoría de los países estaban en bancarrota. Los bombardeos habían destruido ciudades enteras y los sistemas de transporte. Enormes masas de refugiados y de personas desplazadas se movían por el continente. Una aguda escasez de alimentos azotaba a la población. A la crisis material había que sumar la sensación de crisis espiritual.

El efecto de desaliento se incrementaba cada día con la información que afloraba de crímenes de guerra, especialmente por las atrocidades cometidas en los campos de concentración nazis. «¿Qué es Europa ahora? Es un montón de ruinas, un osario, un semillero de pestes y odios». Winston Churchill, en 1945.

El contenido de la conferencia del secretario de Estado de EE. UU., George Marshall, nos da una idea de las condiciones en que había quedado Europa después de la devastación de la Segunda Guerra Mundial.

Sin embargo, le habló claramente a su pueblo, cito:

«Caballeros, la situación mundial es muy seria. Evidente para toda la gente inteligente. Pero excesivamente difícil para el hombre común llegar a una valoración clara de la situación.

»Al considerar los requerimientos para la rehabilitación de Europa, la pérdida física de vidas, la destrucción visible de las ciudades, las fábricas, las minas y los ferrocarriles se calcularon adecuadamente, pero se ha vuelto obvio durante los meses recientes que esta destrucción visible probablemente era menos seria que la dislocación de todo el tejido de la economía europea. Durante los 10 años pasados, las condiciones han sido altamente anormales.

»El febril esfuerzo de la guerra incluyó todos los aspectos de las economías nacionales. La maquinaria se ha descompuesto o es totalmente obsoleta. Bajo el gobierno nazi, arbitrario y destructor, toda empresa posible fue dedicada a la maquinaria alemana de guerra. Desaparecieron lazos comerciales de mucho tiempo, instituciones privadas, bancos, compañías aseguradoras y compañías de transporte marítimo a causa de la pérdida de capital, la absorción a través de la nacionalización o simplemente por la destrucción.

»En muchos países la confianza en la moneda local ha sido severamente afectada. La caída de la estructura empresarial en Europa durante la guerra fue total. La recuperación y rehabilitación de la estructura económica europea requerirá, de manera bastante evidente, de mucho más tiempo y esfuerzo de lo que se había previsto. Las industrias de los pueblos y las ciudades no están produciendo bienes adecuados para intercambiar con el granjero que produce alimentos. Escasean las materias primas y los energéticos. Hace falta maquinaria, y la que hay está gastada. El granjero o el campesino no pueden encontrar los artículos que desean comprar. Mientras tanto, la gente en las ciudades no tiene ni alimento ni energéticos. Así que los gobiernos se ven forzados a usar su divisa extranjera y sus créditos para procurarse lo necesario en el extranjero.

»El remedio se encuentra en romper el círculo vicioso y restaurar la confianza de la gente en Europa en el futuro económico de sus propios países y de Europa en general. El productor y el granjero en las grandes extensiones deben ser capaces y estar dispuestos a intercambiar sus productos por divisas cuyo valor continuo no sea cuestionable.

»Cualquier ayuda que EE. UU. pueda ofrecer en el futuro, debe proporcionar una cura, más que un mero paliativo.

»Aún más, los gobiernos, partidos políticos o grupos que busquen perpetuar la miseria humana con el fin de obtener ganancias políticas o de otro tipo se encontrarán con la oposición de los Estados Unidos.

»Un punto esencial de cualquier acción exitosa de parte de los Estados Unidos es la comprensión de parte de la gente de este país del carácter del problema y de los remedios que deben aplicarse. La pasión y el prejuicio político no deben intervenir. Con visión y la disposición de parte de nuestra gente para enfrentar las grandes responsabilidades que la historia ha puesto claramente en la espalda de este país, las dificultades que he delineado pueden y deben solucionarse».

Fuente: Registro del Congreso de los EE. UU. 30 de junio de 1947.

Los Estados Unidos ofrecieron hasta veinte mil millones de dólares para ayudar a las naciones europeas. Para 1953 los Estados Unidos habían enviado trece mil millones de dólares, y Europa se había levantado otra vez. Además de ayudar a levantar Europa, el Plan Marshall llevó El Plan Schumann, que a su vez llevó al *Euratom*, luego a la Comunidad del Hierro y el Carbón, también al Mercado Común, además señaló lo que todavía podía evolucionar (y evolucionó) hacia una Europa económica y políticamente unida.

EL PLAN MARSHALL DE ESPAÑA DESPUÉS DE FRANCO

España quedó devastada después de la Guerra Civil que se prolongó durante tres años. En ella se registraron dos millones de muertos y dos millones de expatriados.

La tiranía de Franco, que duró treinta y seis años, dejó muy débiles la economía, la moneda y la educación. La universidad tradicional «quedó hecha un solar. Regida por una generación de catedráticos sin más méritos que su fidelidad a principios político-partidistas y masivamente poblada por un lumpen proletariado docente muy heterogéneo». El Viejo Topo. Enero, Madrid. 1994. N° 71.

La universidad politécnica casi no existía, sino Escuelas, Institutos de ingeniería e Instituciones técnicas regados por toda España y aislados entre sí. España aplicó su propio plan Marshall, la Unión Europea suministró en préstamo los recursos.

- Enfrentó la grave depresión económica, social y política.

- Sustituyó los viejos modelos centralizados de Estado, Economía, Educación e Investigación, mediante una nueva Constitución redactada por una Comisión Especial de expertos. La Ponencia Constitucional, estuvo conformada por siete miembros que elaboraron un Proyecto de Constitución distribuido entre las diferentes comisiones del Parlamento Nacional, a este se le incorporó las observaciones del caso. Luego fue discutido, aprobado y sometido a referéndum. Todo se hizo en el plazo de un año.

La Constitución de 1978 descentralizó el poder político, económico, educativo e investigativo. Instauró un nuevo modelo de Estado Federal Descentralizado regionalmente, compuesto por comunidades autónomas (unión de antiguas provincias de una misma región geográfico-sociocultural), y un Régimen parlamentario de Gobierno.

Fortaleció el modelo de Economía descentralizado, capitalista privado y de libre mercado partiendo de la industria turística, al mismo tiempo, fortaleció y sinceró el precio de la moneda.

Estableció un nuevo modelo descentralizado de Educación e Investigación constituido por subsistemas regionales de educación tradicional y politécnica mediante la LODE (Ley Orgánica de Educación) y LRU (Ley de Reforma Universitaria). «Sus universidades pasaron de 20 con 500.000 estudiantes a 53 con 1.500.000 estudiantes».

Se crearon numerosas universidades politécnicas integrando Escuelas de ingeniería e Institutos Universitarios Tecnológicos de una misma Comunidad, o región autónoma.

En veinte años España superó la devastación integral acumulada: la pobreza, corrupción, miseria, el atraso político e institucional, e ingresó al selecto grupo de países líderes de la UE. El milagro español vino a significar otra verdadera revolución entendida como cambio progresista, generación de riqueza, conocimientos, altos niveles de vida e imperio del Estado de Derecho.

EL PLAN MARSHALL: ¿UNA REFERENCIA PARA VENEZUELA?

La devastación fue bloqueada y erradicada de Europa Occidental gracias al Plan Marshall. Otro Plan Marshall fue la piedra angular que propició en España la superación de los estragos producidos por el franquismo. Estas experiencias contienen enseñanzas que deben ser estudiadas con detenimiento.

Cabe preguntar, pero ¿qué fue lo que derrotó al comunismo, a las inevitables contradicciones del capitalismo, alienación, pauperización de los proletarios, advenimiento indetenible del comunismo después del imperialismo, presunta última fase del capitalismo?

La respuesta correcta es: la revolución de la productividad desencadenada por Frederick Winslow Taylor (1856-1915) quién se dedicó al estudio del trabajo y observó directamente el odio recíproco entre capitalistas y trabajadores.

Vio lo mismo que vieron Marx, Disraeli, Bismarck; pero también observó algo que ellos no advirtieron: que el conflicto era innecesario.

Entonces se propuso hacer más productivos a los trabajadores. Su motivación principal era la creación de una sociedad en la cual capitalistas y trabajadores tuvieran un interés común en la productividad y pudieran cultivar relaciones de armonía en la aplicación del conocimiento al trabajo.

Afirmaba que el trabajo se podía estudiar, se podía analizar, se podía subdividir en una serie de movimientos simples y de repetición, cada uno de los cuales debía hacerse de un modo determinado, a su debido tiempo y con herramientas apropiadas.

Los que más se han acercado a entender esto son los empleadores y los sindicatos japoneses... La aplicación del conocimiento al trabajo (tecnologías industriales y gerenciales) aumentó la productividad... En el término de algunos pocos años, después de que Taylor empezó a aplicar el conocimiento al trabajo, la productividad empezó a aumentar a una tasa de 3,4 - 4 % compuesto por año, lo cual significaba que se duplicaba cada dieciocho años. Desde Taylor, la productividad se ha multiplicado por cincuenta en todos los países avanzados.

Sobre esta expansión sin precedentes descansa todo el aumento en la calidad de vida de los países desarrollados. La mitad de esta productividad adicional se ha tomado en forma de aumento del poder adquisitivo, es decir, en niveles de vida más altos.

Actualmente los japoneses trabajan solo 2000 horas al año, los norteamericanos unas 1800, los alemanes, cuando mucho, 1600, y todos ellos producen cincuenta veces más por hora de lo que producían hace ochenta años.

El aumento de productividad aumentó la inversión en salud, que de prácticamente 0 % del PIB pasó a 8 - 12% en los países desarrollados. La inversión en educación creció de un 2% del PIB a 10% o más. La mayor parte de este incremento, tal como lo predijo Taylor, lo han tomado los trabajadores, esto es, los proletarios de Marx.

En 1930 la administración científica de Taylor se había impuesto en el mundo desarrollado. El proletario de Marx se convirtió en burgués. El obrero de la industria manufacturera, el proletario, más bien que el capitalista, vino a ser el verdadero beneficiario del capitalismo.

Esto explica el fracaso total del marxismo en los países altamente desarrollados, a los cuales Marx les pronosticaba una revolución para 1900. Explica por qué no hubo revolución proletaria después de 1918 ni siquiera en los países derrotados de Europa Central, en los cuales había miseria, hambre y desempleo.

Explica por qué la Gran Depresión no condujo a una revolución comunista como esperaban confiadamente Lenin, Stalin y casi todos los marxistas. «En ese tiempo los proletarios de Marx aún no eran ricos, pero ya eran clase media. Se habían vuelto productivos» (Drucker. 1998). A esto es que se refería el ministro Giordani cuando le recomendó al presidente de PDVSA y, en otras instancias también otros mentores, «la revolución tiene que mantenerlos pobres, porque si suben en la escala social se hacen escuálidos».

En definitiva, lo que derrotó al comunismo y enjugó para siempre la devastación en Europa Occidental y sus causas después de la Segunda Guerra Mundial, al igual que en España, fue la implementación de tres modelos organizativos que hasta ahora son invencibles:

- El modelo de EF Descentralizado de regiones autónomas con el cual Jefferson, Washington, Madison y Franklin fundaron los Estados Unidos, y dio a los ciudadanos la distribución territorial del poder político, económico, educativo e investigativo.

- El modelo de capitalismo privado de Taylor que trajo el poder económico gracias a la productividad.

- El modelo educativo de Simón Rodríguez que trajo el poder educativo e investigativo mediante la formación integral con educación tradicional y politécnica.

Estos tres modelos están íntimamente relacionados entre sí.

No son perfectos, solamente perfectibles. Están en continua transformación porque, como lo señala el cardenal Ratzinger, «la sociedad no tiene una moral capaz de enfrentarse a la presión que la tasa de la ganancia ejerce».

¿Puede un país subdesarrollado como Venezuela, saltar del degenerado EF Centralizado al avanzadísimo y utópico Estado de los Derechos Humanos que aún no sé ha materializado en ninguna parte del mundo, sin pasar por la fase del avanzado y concreto EF Descentralizado que rige actualmente en los países desarrollados?

El productivismo de Taylor inició el proceso de corrección del vicio inherente al capitalismo que, según Winston Churchill, es «la distribución desigual de los beneficios».

La curación de este vicio está bastante adelantada y progresa, gracias a las luchas pacíficas que la Sociedad Civil y las Organizaciones Políticas progresistas llevan a cabo en alas de las libertades ciudadanas y el ejercicio de los poderes políticos, económicos y educativos, que otorga la democracia representativa y participativa a través de los modelos descentralizados de Estado, de Economía, Educación e Investigación, consignados en Constituciones descentralizadoras del poder.

El vicio inherente al comunismo es «la repartición equitativa de la pobreza» que crece en la misma medida en que se priva de poderes políticos, económicos, educativos e investigativos a los ciudadanos, limitando el acceso a la elaboración de decisiones vinculantes al capital y a la producción de bienes de consumo, servicios y conocimientos.

El comunismo, ni ningún otro neototalitarismo, puede existir en un clima de libertades y producción masiva de riqueza y conocimientos por una ciudadanía armada de poder político, económico, educativo e investigativo, como ofrece el modelo de Estado, Economía, Educación e Investigación descentralizados; las democracias representativas que además son genuina y socialmente participativas y las Constituciones real, genuina e integralmente federales que los legalizan.

El Plan Marshall tuvo éxito en los países de Europa Occidental, porque los líderes usaron los veinte millardos de dólares americanos (10% en efectivo y el resto en alimentos, maquinarias y tecnología) en reactivar la economía y remediar la espantosa situación social, pero al mismo tiempo; y este fue el factor decisivo: sustituyeron los viejos y agotados modelos centralizados de Estado, Economía, Educación e Investigación que ya estaban muertos, por modelos descentralizados.

Reemplazaron el EF Centralizado de entidades territoriales subnacionales sometidas a la capital, por el EFD de regiones autónomas y al modelo centralizado de Educación e Investigación, por un modelo descentralizado.

En suma, sustituyeron los modelos organizativos centralizados de las democracias representativas por los modelos descentralizados de las democracias representativas y participativas. Las viejas Constituciones centralizadoras del poder político, económico y educativo por nuevas Constituciones descentralizadoras del poder político, económico y educativo.

Estas producen gobiernos que tratan a los ciudadanos como personas adultas provistas de derechos, medios legales y recursos materiales con los cuales generan decisiones vinculantes, riqueza, conocimientos, consumo y ahorro.

Algunos dirigentes vieron solo una parte del Plan Marshall: la inyección de dinero y recursos. Creyeron haber encontrado el arma definitiva contra la destrucción y el subdesarrollo.

Se llegó a pedir un plan para cada región o país atrasado, y hasta un mega plan para África. Con este criterio se aplicaron planes Marshall en Centroamérica, en los Balcanes post Dayton, en la Rusia de Yeltsin y en Palestina. ¡Fracasaron de manera rotunda, lamentable e irreversible!

Los líderes de los países en cuestión usaron los recursos para reactivar la economía y remediar la espantosa situación social, pero contrario a los europeos, no sustituyeron los modelos centralizados de presidencialismos imperiales, democracias representativas, Economía, Estado, Educación e Investigación, y Constituciones centralizadoras del poder que estaban técnicamente muertos, sino que los preservaron momificándolos; dándoles vida artificial con transfusiones masivas y sistemáticas de saliva, subterfugios y sofismas.

No fue fácil superar con el Plan Marshall la devastación europea de postguerra ni la de la España postfranquista. Los nuevos gobiernos encontraron enormes dificultades para instrumentar los dos elementos del plan:

- Reactivar la economía y mitigar la miseria social.
- Sustituir los modelos centralizados de Estado, Economía, Educación e Investigación. Pero esta es la norma en países que se recuperan de mega devastaciones.

Algunas veces la oposición interna aunada al régimen de gobierno parlamentario fue altamente beligerante y celosa; pero nunca estúpida, ciega, ni logrera. En Italia, entre el fin de la Segunda Guerra Mundial y el año 2002, hubo 59 gobiernos, un poco más de un gobierno por año; pero Italia no se desvió de la aplicación de los dos elementos de su particular Plan Marshall.

Alemania Occidental tuvo cuatro gobiernos. España (después de Franco) tuvo una intentona militar fallida de volver al franquismo y la sucesión de tres gobiernos, pero culminaron con éxito sus Plan Marshall. Esto demuestra que no es la permanencia de gobiernos en el tiempo lo que garantiza gobernabilidad, sino las características estructurales y procedimentales de los modelos descentralizados.

La solución de los seculares problemas de Venezuela está en seguir los pasos de la Europa Occidental de postguerra y de España después de Franco. No es exagerado soñar con una Venezuela compuesta de Estados Federales Regionales Descentralizados, de hecho, es con esa Venezuela que estamos soñando los gochos del Táchira.

Sobre modelos descentralizados se fraguó el desarrollo del primer mundo. Si han sido buenos para esos países pueden serlo también para Venezuela. Con estos los países de Europa Occidental y España renacieron como el ave fénix, desde sus cenizas, en veinte años, después de la Segunda Guerra Mundial y Franco, respectivamente.

Estas experiencias fueron reconocidas, aunque tardíamente por algunos líderes venezolanos. Ya era hora.

«La Unión Europea alcanza a tener 25 países y una población de 450 millones de habitantes (...) Se anuncia la incorporación de Rumania y Bulgaria y, yendo más allá, está bajo análisis el ingreso de Turquía (...) Manteniendo la identidad de cada país, una identidad común, en una nación común (...) La convivencia de culturas distintas y visiones éticas fundamentales, ese es el legado principal de la UE (...).

¿UN PLAN MARSHALL PARA VENEZUELA?

Sobre Venezuela no han caído bombas atómicas ni se han peleado guerras mundiales. No obstante, su situación actual en términos de pobreza, miseria, corrupción, malversación, violación de los derechos humanos, odios, subdesarrollo e ingobernabilidad es como si hubiera sido blanco de esas calamidades. De hecho, la conferencia de Marshall, en algunos de sus párrafos, pareciera que se refiere a nuestro país.

El desencanto creciente del pueblo venezolano por la democracia representativa, es también desencanto implícito por los modelos centralizados de Estado, Economía, Educación e Investigación con los cuales esta se expresa.

El Programa de las Naciones Unidas para el Desarrollo (PNUD), en su última investigación (2003), descubre que el 53,6 % de los latinoamericanos creen ahora que el desarrollo económico es más importante que la democracia, y el 54,7% apoyaría un régimen autoritario si resolviera los problemas de hambre, ignorancia, exclusión social, injusticia, déficit de oportunidades, malversación y corrupción administrativa. Esto debiera hacer reflexionar a los líderes de Venezuela.

Está montado, pues, en Venezuela desde hace varios decenios el mismo escenario de pobreza, miseria, ignorancia, corrupción y desencanto acumulados que existía en Europa Occidental después de la Segunda Guerra Mundial. El caldo de cultivo ideal en el que ayer prosperó el comunismo, y hoy es favorable para que prospere cualquier neototalitarismo o populismo radical engañoso.

Ayer, para enfrentar la devastación integral acumulada que posibilitaba la expansión del comunismo se implementó el Plan Marshall. Hoy, para enfrentar la devastación acumulada que posibilita el resurgimiento de la antigualla comunista y los neototalitarismo vestidos con ropajes democráticos de Estados de Derecho que, en realidad, son Estados de Desecho, es indispensable implementar planes análogos al Plan Marshall.

Resumen del capítulo I

La causa estructural de la crisis es la obsolescencia del Estado Federal de poder Centralizado presidencial, debido a la enorme cantidad de poder político, económico, educativo e investigativo que la Constitución deposita en los presidentes de la República. Poder con el cual han podido violar la Constitución impunemente y desarrollar toda la destrucción que hoy vemos.

El EF Centralizado presidencialista procede directamente del EFC colonial español, cuya esencia se trasladó a todas las Constituciones del país, desde la de 1810 hasta la de 1999 incluso. Así, en nuestro país, ha causado la misma ineficiencia, corrupción y devastaciones que fueron causadas por los presidentes imperiales también en las Repúblicas de Alemania, Italia y por el emperador Hirohito de Japón.

Esta monstruosa concentración de poder, en nuestros gobernantes, y en otros, de otras partes del mundo, es lo que ha causado y potenciado el fracaso del modelo del EF Centralizado.

Un problema estructural para resolver, que no se soluciona con el simple cambio de un gobierno por otro o de un presidente por otro.

Capítulo II

Solución radical a la crisis venezolana

El cambio de modelo

El cambio es la ley de la vida.
Y los que miran solo hacia el pasado o el presente,
seguramente perderán el futuro.
John F Kennedy.

El poder

El poder es importante; porque «Los tres incentivos fundamentales que dominan la vida del hombre en la sociedad y rigen la totalidad de las relaciones humanas, son: el amor, la fe y el poder; de una manera misteriosa están unidos y entrelazados. Sabemos que el poder de la fe mueve montañas, y que el poder del amor... es el vencedor en todas las batallas; pero no es menos propio del hombre el amor al poder y la fe en el poder». Karl Loewenstein. Teoría de la constitución (1976).

Los países no son enterizos como una mesa, una llanura o un desierto. Están divididos en regiones geográficas con distintos climas, topografías, floras y faunas. Las regiones geográficas, con frecuencia, tienen carácter de ecosistemas. Gracias al trabajo y multiplicación de sus habitantes se transforman en regiones socioeconómicas, culturales y administrativas. Sus habitantes adquieren una identidad sociocultural y, a veces, étnica que los une. Crea vínculos de permanencia y solidaridad que los hacen sentir distintos a los otros habitantes del resto de las regiones con las cuales conviven. Esos lazos refuerzan un sentido de pertenencia y solidaridad.

Estos hechos geográficos, económicos, sociológicos, culturales, administrativos, y a veces étnicos, no pueden demarcarse con precisión cartográfica. No obstante, con algunas pequeñas superposiciones, son hechos que obligan a aceptar las regiones geo-socioculturales de un país como realidades que tienen derecho a un espacio digno de su jerarquía e importancia en la organización político territorial del país.

Las regiones se acompañan de sentimientos individuales que constituyen elementos de la personalidad del pueblo que las habita. Este nexo les permite construir aspiraciones comunes y tener una visión compartida del futuro; siempre y cuando se los provea de suficiente poder político, económico y educativo, etc.

El sistema de posesión de la tierra es una prolongación del sistema colonial. La mayor parte de la tierra cultivable y de pastoreo pertenece al Gobierno del Estado, y el resto a algunas familias. Los recursos minerales y los impuestos que se recogen en las regiones también pertenecen al Gobierno Nacional del Estado. Lo cual produce una centralización del poder económico en manos del Gobierno Nacional del Estado y de algunas familias favorecidas por el Gobierno.

En Venezuela y países Iberoamericanos no se cumple el principio de la descentralización de la posesión del territorio, tampoco la del poder político sobre las regiones, municipios y comunidades en que se divide el territorio nacional. Estas entidades solo tienen algunas competencias administrativas. Política, Económica y administrativamente dependen del presidente de la República, en consecuencia, los estados y municipios, además de la sociedad civil organizada no son dueños de sus vidas, destinos y desarrollos.

Enmarcar la economía dentro del principio de la descentralización del poder económico, significa desmontar la propiedad gubernamental de las empresas públicas y de las riquezas del subsuelo para construir un nuevo sistema económico Esta tarea es de una importancia capital.

De manera que, la prosperidad y el progreso socioeconómico, vendrá cuando se organice y gobierne el país mediante un nuevo EF Descentralizado, que traiga un sistema político económico pautado por una nueva Constitución. Este debe ser verdaderamente democrático, descentralizado, multivalente y poliproductor. Deberá estar basado en la propiedad privada y el libre mercado, con seguridad y asistencia social. Solo entonces vendrá la prosperidad, un sistema económico de propiedad privada y el libre mercado, como una máquina de generar riqueza.

El territorio, los habitantes, las leyes y el Gobierno forman el Estado Nacional que se define como «un ordenamiento jurídico: constitución, leyes orgánicas, leyes especiales y reglamentos, que se aplica a los habitantes de un territorio por intermedio de un grupo de personas autorizadas que forman el Gobierno civil del Estado».

Recordemos acá a Belisario, en cuanto a que existen roles dentro del Estado, las familias se harían cargo de la AICEC, (Agricultura, Ganadería, Industria, Comercio, Educación, y de atender a los ancianos, lo que hoy llamamos pensiones de retiro). el Gobierno se encargaría de la SOPJO (Seguridad, Obras Públicas, Justicia y Orden). La Iglesia es responsable de impartir la enseñanza de la Palabra de Dios (VAE) Vigilancia, Asesoría y Exhortación a las familias y al Gobierno.

El Gobierno civil del Estado ejerce su autoridad y atribuciones sobre los habitantes del territorio nacional, según una división política territorial de tres niveles: un nivel nacional, en el que actúan autoridades que tienen mando sobre todo el país. Un nivel intermedio en el que actúan autoridades que tienen mando sobre entidades territoriales intermedias: estados (23 en Venezuela), provincias, regiones, y un plano local más pequeño (335 municipios) donde actúan funcionarios dentro de límites geográficos menos extensos.

El ordenamiento territorial de tres planos (nivel nacional, 23 estados y 335 municipios, entidades intermedias y locales) y la distribución del poder político entre los funcionarios del Gobierno que las atenderán, lo establece la Constitución Nacional. De aquí la importancia de este documento que no es más que una distribución del poder político, económico, educativo, deberes y derechos entre las autoridades del nivel nacional, de las entidades intermedias, de los municipios, y de los habitantes de un país.

La descentralización y distribución de los poderes obliga a la separación y autonomía entre los poderes ejecutivo, económico, legislativo, educativo y judicial. Es decir, no al régimen presidencial imperial de gobierno que concentra todo el poder en sus manos, y sí al régimen parlamentario. Las Constituciones de Venezuela, y países Iberoamericanos, no contemplan la descentralización de la posesión del territorio ni del poder político.

Este incumplimiento es lo que trae la crisis sobre Venezuela y los países iberoamericanos, ya que se organizan y gobiernan mediante Constituciones que prescriben modelos de EF Centralizado, cuyos gobiernos tienen poderes ilimitados centralizados en el presidencial autoritario de la Republica de turno, lo que ha fracasado en el tercer mundo.

El modelo de gobierno que pauta el EFD es de poder limitado y descentralizado. Puede ser presidencial parlamentario, como el de Francia, presidencial limitado por el Congreso y la Corte Suprema de Justicia como el de EE. UU., o parlamentario como el de casi todos los países de Europa del Oeste y Europa del Norte.

En el modelo de Gobierno parlamentario, el poder Ejecutivo está dividido entre el jefe del Estado (presidente de la República) y el jefe del Gobierno (primer ministro).

El jefe de Estado posee una parte del poder y desarrolla un papel simbólico y de influencia psicosocial que es esencial y de altísima dignidad para mantener la integración nacional.

El primer ministro tiene otra porción del poder, es el jefe del Gobierno o del Ejecutivo, preside y dirige el Gabinete Ministerial, es seleccionado por el Parlamento Nacional, depende del beneplácito y confianza de este ante el cual responde.

El Parlamento Nacional puede disolver todo el Gabinete o solo despedir al primer ministro mediante un voto de censura o de desconfianza.

Se puede comparar el modelo de Estado Federal Descentralizado con un condominio de viviendas unifamiliares donde cada familia es propietaria de su terreno, su vivienda, y es autónoma. Existe una junta de condominio o de propietarios cuyo presidente es equivalente al jefe del Estado Federal. Lo elige la junta de propietarios, asimismo, elige al administrador que es el jefe del Gobierno del condominio que ejerce con la conserjería, que es su gabinete.

La ley de condominio equivale a la Constitución Nacional, y el documento del condominio semeja al estatuto de autonomía de las viviendas que vale por las regiones autónomas.

El Estado Federal Centralizado es similar a una casa de vecindad (*La vecindad del Chavo*), propiedad de un señor que es dueño de todos los cuartos y, por tanto, ejerce su autoridad sobre los inquilinos. Este señor equivale al presidente imperial de la República, amo y señor que lo controla todo y manda a discreción sobre la vida de sus pobres inquilinos.

¿UNA NUEVA DISTRIBUCIÓN DEL PODER? ¿CUÁLES PODERES?

La tendencia al mal es innegable. Por ello, el poder debe dividirse, para evitar que se concentre solo en unas manos, lo que siempre derivará en corrupción y tiranía.

Anónimo

Una aplastante mayoría de democracias estables y prósperas de países desarrollados del mundo actual son gobernadas por regímenes parlamentarios. Del otro lado, una variedad de países subdesarrollados son asientos de democracias inestables y pobres gobernadas por regímenes presidenciales imperiales.

- El poder político para generar decisiones en el sitio. ***Autonomía Regional:*** configurando una Federación de entidades territoriales nacionales, autónomas y descentralizadas, con la autarcía y competencias correspondientes.

El Estado autónomo productivo. La autonomía estadal es la capacidad para tomar decisiones sin intervención ajena. La geografía política le puede dar la capacidad de autogobierno y estatus administrativo propio a cualquiera de los estados venezolanos. El gobierno central y los gobiernos autónomos, son regidos por competencias específicas propias, no excluyentes necesariamente.

El Municipio fuerte. Mediante autonomía municipal plena y descentralización local para contribuir a garantizar el desarrollo local y humano, con la consecuente y adecuada evolución de las parroquias actuales hacia municipio.

Democracia y Libertad. Mediante la descentralización institucional contemplada en la Constitución y leyes orgánicas, sistemas regionales con competencias y atribuciones plenamente establecidas en los diferentes ámbitos institucionales (políticos, económicos, judicial, fiscal, educativos, asistencial, militar, etc.).

Justicia y seguridad jurídica. Mediante descentralización constitucional y la sistematización de la administración de justicia y de las cárceles, a nivel regional.

Salud y bienestar social para todos. Mediante descentralización y sistemas regionales de la salud y asistencia a la ciudadanía.

Ciudad, vivienda y calidad de vida. Mediante planes estadales y municipales gobierno- alcaldías- empresas privadas constructoras de viviendas y desarrollos urbanos.

Reforma integral de la Fuerza Armada. Mediante el reordenamiento de nuestras F.A.N en función de la defensa de la soberanía y la Constitución, atendiendo exclusivamente a los objetivos e intereses da la República.

- El poder económico (para tener acceso al capital) y generar riqueza en las regiones. De esta forma aumentar el poder adquisitivo y, por ende, mejorar el bienestar social.

a) **El Petróleo, derecho al trabajo y a la propiedad privada.**

b) Al mundo actual lo componen repúblicas industriales. Si entendemos que los Estados son los depositarios de las riquezas productivas de las naciones, tenemos entonces que industrializar estas riquezas en el sitio de origen; así suplir al país de los bienes y servicios que allí se generen. El excedente que vaya a los mercados internacionales a generar una renta diferente de la renta petrolera.

c) **Venezuela en el contexto del mundo globalizado,** con relaciones internaciones de mutuo respeto, soberanía nacional y regional definidas; y la mutua cooperación internacional.

- El poder educativo e investigativo para generar conocimientos. Para convertirse en agentes y actores fundamentales del cambio progresista.

Educación para el desarrollo. Mediante descentralización hacia los estados y municipios de todos los niveles educativos. Autonomía universitaria y sistemas regionales de Educación Superior. Autonomías regionales.

Desarrollo social integral sostenible. Modelo que atienda las necesidades y requerimientos del desarrollo nacional sobre la base del desarrollo humano local, regional e institucional sostenibles.

Ética y confianza. Valores ciudadanos mediante ejemplos de comportamientos del Gobierno Nacional, Gobiernos regionales y educación en valores en todos los niveles educativos.

El EF Centralizado se basa en el presidencialismo que nos ha acompañado a lo largo de 200 años. Es nuestra nefasta herencia caudillista, militarista, totalitaria. Pero, si sabemos que es así ¿por qué nuestros líderes políticos no nos han presentado una alternativa de las que existen en el mundo exitoso de hoy?

La respuesta triste y dolorosa es que, a la mayor parte de ellos, solo les interesa la renta petrolera y, sobre todo, seguirla manejando como se ha hecho hasta el día de hoy.

Sin embargo, algunos venezolanos conocemos la responsabilidad histórica que tenemos y la estamos asumiendo por la calle del medio. Esa en una de las razones principales de este libro y el otro que nos acompaña: *Proyecto país Venezuela reconciliada.*

En Venezuela existen excelentes abogados y académicos, además de otros que, sin serlo, nos hemos apasionado por el tema parlamentario. Ya deberíamos ir preparando un proyecto al respecto. Sin embargo, el doctor José Armando Mejía Betancourt, venezolano, doctor en Derecho, de la universidad de París, nos prestó un interesante ensayo que redactó sobre el tema en cuestión, y nos autorizó al ingeniero Julio Belisario y a mí a publicarlo a través de este trabajo, como una manera de llevar el conocimiento a la mayor cantidad de personas que estén interesadas en una solución estructural a la problemática venezolana, lo transcribimos a continuación.

EL PARLAMENTARISMO

UN NUEVO RÉGIMEN POLÍTICO PARA VENEZUELA

Por: José Amando Mejía Betancourt[1]

SUMARIO.

1. Introducción: El parlamentarismo como una visión de futuro para la democracia. Cambiar la democracia. La democracia parlamentaria.

2. El laberinto político: el personalismo.

3. La crisis del presidencialismo venezolano.

4. Teoría general del régimen parlamentario. Marco institucional del parlamentarismo: monista, y dualista.

5. Parlamentarismo y el cambio político. Parlamentarismo y pueblo. Estado social y democracia parlamentaria. Parlamentarismo, economía de mercado y sistema tributario.

6. La transición política al parlamentarismo. La Asamblea Nacional Constituyente. La no violencia y la crisis política.

7. Conclusión: recuperar la democracia.

---

[1] Abogado de la UCAB. Doctor de la Universidad de París (II). DSUP en Finanzas Públicas. DSUP en Derecho Administrativo. DSUP en Derecho Comercial. De la Universidad de París (II). Miembro de la Sociedad de Legislación Comparada de París. Miembro de la Asociación Venezolana de Derecho Tributario. Profesor y Coordinador de la Maestría en Gerencia Tributaria de la Empresa en la Universidad Metropolitana. Profesor invitado de la UCAT y de la UCV.

1. INTRODUCCIÓN. EL PARLAMENTARISMO COMO UNA VISIÓN DE FUTURO PARA LA DEMOCRACIA

Hay que considerar la posibilidad de proponer al país una nueva visión de futuro para la democracia venezolana. Además de formular una propuesta política unitaria y detallada en el corto plazo y de insistir en el respeto a la Constitución de 1999, es necesario plantear una renovada concepción de la democracia. Los ciudadanos, al mismo tiempo de preocuparse por el presente, exigen conocer hacia dónde se dirige la vida nacional. Nos preguntamos: ¿cuál es la visión de futuro que se puede ofrecer a los venezolanos? La respuesta es proponer cambiar el actual sistema político presidencial por un régimen parlamentario, que ponga a los venezolanos a vibrar con la idea de una profunda renovación democrática y que permita enrumbar la vida política por un camino seguro, estable y exitoso.

El parlamentarismo, como visión de futuro para la democracia, puede tener una gran penetración social y ciudadana, tanto en el mundo popular venezolano como en vastos sectores de la clase media. Para el mundo popular el parlamentarismo significaría la profundización de la democracia representativa, la idea del pueblo ejerciendo el poder político en una legítima asamblea representativa, la discusión, el debate, la dirección colectiva del gobierno y de los asuntos públicos. Para la clase media el parlamentarismo significaría, además, disminuir significativamente la presencia del personalismo, del caudillismo y de los cogollos en la vida política.[2] Y, para el conjunto de la sociedad, el

---

[2] Ver: Hernández Muñoz, Eladio. Transición en Democracia. UCV. Caracas. 2008. Pág. 47.

parlamentarismo sería el instrumento institucional para hacer realidad el Estado Democrático y Social de Derecho y Justicia previsto en la Constitución, y, muy importante, el instrumento que permitiría darle sostenibilidad política al modelo de economía social de mercado, también previsto en la Constitución.

Nosotros nos hemos apartado de la manera como han reaccionado otros países de América Latina, cuando han enfrentado dificultades y trastornos políticos similares a las nuestros y que han desembocado en guerras civiles y en crueles dictaduras militares. Los demócratas de este país, a pesar de las dificultades, estamos luchando para que en Venezuela no se reproduzca la violencia política que ha caracterizado nuestra historia y la de América Latina. Con una manera muy nuestra del comportamiento político, a la venezolana, se está tratando de evitar entrar en una etapa de violencia y terror, por ello, es necesaria una visión de futuro que funcione como estrategia para salir de la situación política en que nos encontramos y al mismo tiempo evitar la violencia. Las dos cosas van unidas, una no puede funcionar sin la otra, ya que, el futuro que queremos es la clave para salir de la dramática situación actual. Es necesario, pues, producir un cambio trascendental de nuestras instituciones políticas, que le dé un giro a la historia nacional, que impida que la violencia se desate en esta tierra y que permita que nuestro pueblo pueda, de nuevo, confiar en las instituciones y rencontrarse con la democracia.

Este pueblo venezolano tiene un conjunto de elementos básicos de cultura democrática[3] que han tratado de destruir durante años con un

---

[3] Ver: Hernández Muñoz, *Eladio. Transición en Democracia.* UCV. Caracas. 2008. Pág. 246.

discurso de odio, calumnia, engaño y mentira. A pesar ello, medio país está sordo ante los incesantes llamados para acabar con la democracia y la libertad. Sin embargo, la otra mitad del pueblo ha ido perdiendo la confianza en la democracia, debido a una epidemia de autoritarismo y corrupción que se ha ido extendiendo, producto de las difíciles y confusas circunstancias de una estructura política autoritaria presidencial que se ha incrustado dentro de la democracia. Quienes nos gobiernan constituyen un grupo que se hizo con el poder en medio de unas situaciones históricas y políticas determinadas y se mantienen en el poder con un comportamiento autoritario, con un desenfrenado populismo que maneja de manera irresponsable el gasto público para manipular al pueblo y con un amañado respaldo electoral. Se ha generado un deterioro de la fortaleza democrática de nuestro pueblo y esa realidad necesita un cambio.

CAMBIAR LA DEMOCRACIA

La intención de este trabajo es proponer un cambio en nuestra democracia, que salgamos del régimen político presidencial para convertir a Venezuela en una democracia parlamentaria.[4] Debemos aprovechar que nuestro pueblo tiene una inmensa potencialidad de cambio, mucho más de lo que se puede imaginar, pues en las profundidades del pueblo corre una sensibilidad democrática que debemos rescatar y consolidar.[5]

---

[4] Ver: Mejía, José Amando. *La construcción de una democracia parlamentaria en Venezuela.* Revista de Derecho Constitucional. N.º 6 enero/diciembre. Caracas. 2002.
[5] Ver: Gil Yepes, José Antonio. *La Centro Democracia.* El Nacional. Caracas. 2009.

Una parte del material de nobleza, esperanza y fuerza de la que está hecha el alma democrática del venezolano se ha perdido y hay que proponer recuperar la democracia y abordar una nueva visión de lo que podemos hacer con ella. También hay que estar conscientes de que se ha producido un crecimiento colectivo de las exigencias y demandas democráticas, tenemos como pueblo una edad biológica e histórica que pide un cambio y que exige otro tipo de democracia, otras instituciones de gobierno y una nueva manera de ejercer el poder. Si atendemos adecuadamente este reclamo de los ciudadanos, el problema político y los demás aspectos de la crisis nacional se van a ir resolviendo poco a poco, pues pueden ser englobados en una rúbrica común que las abarque a todas, a pesar de sus diferencias.

Hay que decirlo con claridad: tenemos un severo problema de régimen y sistema político y de cómo hemos organizado el ejercicio del poder; el presidencialismo colapsó y se encuentra caóticamente en su fase terminal.[6] Este es el problema de fondo que tenemos que atender como sociedad política. Por ello, debe proponerse una nueva manera de ejercer el poder, una forma distinta de organizar los elementos institucionales, jurídicos y de hecho en el ejercicio del poder en Venezuela. Se debe instaurar una nueva y más democrática relación entre los ciudadanos y el poder político. Se debe seguir diciendo con claridad: El sistema presidencial de gobierno ya no funciona y debemos cambiar a una democracia parlamentaria. Debemos cambiar nuestro sistema político, para que lleguemos a ser, otra vez, la primera, la más moderna y envidiada de las democracias de América Latina.

---

[6] Ver: Aguiar, Asdrúbal. *Historia Inconstitucional de Venezuela 1999 -2012*. EJV. Caracas. 2012.

LA DEMOCRACIA PARLAMENTARIA

En las actuales circunstancias, el momento es oportuno para proponer el cambio de nuestro sistema político, no solo, como una alternativa frente al autoritarismo que nos gobierna, sino porque es necesario un cambio de fondo como sociedad política.

Estas reflexiones, la argumentación y nuestras convicciones se fundamentan en sólidos trabajos producidos por la ciencia social y política venezolana. Nuestra apreciación de los hechos sobre el terreno, la experiencia y la percepción de muchos venezolanos dicen que debemos dar este paso histórico y necesario. Y como jurista, la reflexión sobre Venezuela y su pueblo me permiten comprender que es necesario cambiar nuestra democracia desde una perspectiva institucional. Por lo que, creo, se debe reunir, en un mismo momento, reflexión y acción, al proponer cambiar nuestro sistema político y avanzar hacia una democracia parlamentaria.

Desde hace años este tema ha formado parte de mis reflexiones, pero, si bien, este debate sobre la necesidad de cambiar el régimen político no ha salido a la calle, al pueblo sí le interesa y ese es mi punto fuerte. Porque hemos llegado a un tal extremo de la crisis política y se ha alargado de tal manera el conflicto de gobernabilidad, que sería irresponsable no seguir planteando el problema de la crisis del sistema presidencial venezolano y la necesidad de un cambio a una democracia parlamentaria. Así como el pueblo sale a la calle a exigir sus derechos y a defender la democracia, el debate sobre el cambio de sistema político también debe salir a la calle.

Estoy convencido de que, si debatimos públicamente la idea, la propuesta será acogida y recibirá el apoyo mayoritario del pueblo. Esta idea puede ser rápidamente comprendida y asimilada por la clase media y por el mundo popular venezolano. Este aspecto es crucial, pues si bien la clase media y el mundo popular no conocen otra cosa que el sistema presidencial, hay un sentimiento general favorable a que la democracia cambie, mejore y se modernice.[7] La gran mayoría de los venezolanos están ansiosos de un cambio político que el presidencialismo no les puede ofrecer, mientras que pueden encontrar el nuevo rumbo que andan buscando desde hace mucho tiempo con la democracia parlamentaria. No es difícil pensar que cuando se conozca en qué consiste el parlamentarismo, recibirá un apoyo mayoritario, definitivo, entusiasta y multitudinario del pueblo venezolano.

Muchas veces he escuchado decir que al venezolano le gusta el presidencialismo, que le gusta seguir un hombre a caballo. Yo pienso que esto ya no es así. Importantes estudios sobre el mundo popular venezolano, llevados a cabo por el distinguido profesor Alejandro Moreno Olmedo de la Universidad de Carabobo,[8] indican otra cosa: que el venezolano es propicio a la vida política colectiva, a la decisión en asamblea, a sentir su identidad en los términos de una relación familiar. La estructura de la familia popular venezolana refleja una determinada forma de organización social y, por ello, estoy convencido de que el

---

[7] El derrumbe de la llamada «Cuarta República», tuvo su causa más importante en la crisis del sistema político presidencial, de hecho, todavía hay mucha reticencia en la opinión pública ante la idea de un regreso a la «Cuarta República». En mi opinión, los cuarenta años que duró este periodo fueron muy exitosos en muchos aspectos, lo que colapsó fue el régimen presidencial de ejercicio del poder político, que arrastró en su caída al sistema de partidos políticos. La Constitución del 99 consagró un hiperpresidencialismo como modelo político que, tempranamente, también ha colapsado, pero que, además, ha provocado el derrumbe del Estado de Derecho y en consecuencia la desaparición de la democracia y la instalación de una represiva dictadura presidencial disimulada de cuello blanco, plebiscitario y militar de corte comunista.

[8] Ver: Alejandro Moreno Olmedo. *El aro y la trama*. Conviviumpress. USA. 2008.

venezolano se adaptaría con facilidad, como ocurre en la trama popular, a la democracia parlamentaria como organización política colectiva.

Venezuela puede llegar a ser una gran democracia parlamentaria como España, Italia o Portugal, para mencionar países con estrecha raigambre en nuestra idiosincrasia y, también como Bélgica, Alemania o Reino Unido, o como la mayoría de las naciones del mundo desarrollado y occidental.[9] Tenemos todas las posibilidades y recursos para ser una democracia avanzada, de primer mundo, nada nos lo impide, y donde el protagonista fundamental sea el pueblo en asamblea.

2. EL LABERINTO POLÍTICO: EL PERSONALISMO

Nuestro sistema político está desde hace tiempo en un laberinto donde hay un conjunto de circunstancias que no las podemos ordenar, que nos parecen confusas, con una realidad enredada y llena de acontecimientos y problemas, donde la salida se vislumbra borrosa, imprecisa y ambigua. Hay factores que nos han llevado políticamente hasta ahí y luego todo se ha embrollado y enmarañado.

A mi manera de ver, el problema que más ha afectado a nuestro sistema político, ha sido la presencia permanente y preponderante del personalismo, del caudillismo, en la vida política venezolana durante los doscientos años de vida republicana. El distinguido profesor Juan Carlos Rey de la Universidad Central de Venezuela lo ha dicho claramente: «En

---

[9] Todos los países desarrollados con la excepción de USA y Francia (semipresidencial) son democracias parlamentarias.

Venezuela estamos viviendo una grave crisis de institucionalidad política y un auge desenfrenado de un personalismo caudillista».[10]

Tenemos una crisis de institucionalidad provocada por ese personalismo avasallante sobre nuestra historia política. Por esa presencia preponderante de una persona en la vida política que logra dominar las instituciones, someterlas y ponerlas al servicio de sus intereses, generando una relación de dominación política sobre quienes lo rodean, sobre instituciones, y sobre el Estado en general. Un ejemplo elocuente es la situación que se vivió durante los catorce años de gobierno de Hugo Chávez, donde el caudillo presidente estaba por encima de las instituciones y de la Constitución. Ahora, si se ataca ese problema de fondo, estaremos actuando sobre el aspecto fundamental del laberinto político donde nos encontramos.

Ocurre que nuestras instituciones y la vida política están muy personalizadas, atragantadas de caudillismo, de cogollos, de poderes fácticos, de la conciliación de élites como se estudia en la academia. Nuestro sistema presidencial es personalista y caudillista, donde la persona del presidente domina a las instituciones y se produce una realidad fáctica de dependencia alrededor del caudillo, de su personalidad, de sus humores y de sus locuras. El presidente está en un permanente desenfreno y agitación caudillista, llevándose por el medio cualquier cosa: las instituciones, la Constitución, los ciudadanos y a la democracia. El presidente, una vez electo, se transforma en un cañón sin control. Por ello, el régimen presidencial venezolano constituye, según mi criterio, una predemocracia, una democracia encerrada y chucuta, una

---

[10] Juan Carlos Rey. *Personalismo o liderazgo. El caso de Rómulo Betancourt.* Fundación Rómulo Betancourt. Caracas. 2008. Pág.5

falsa democracia, algo que todavía no es una auténtica democracia y, ahora, luego de años de caudillismo escandaloso y descarriado se ha consolidado una dictadura personalista de corte comunista.

La historia del caudillismo presidencial venezolano es larga, penetrante, dominante y permanente. En doscientos años de historia republicana pocas veces hemos tenido un gobierno presidencial institucional y equilibrado. Si bien, durante los cuarenta años de la democracia, desde el gobierno de Rómulo Betancourt hasta el último de Rafael Caldera, los presidentes respetaban la constitucionalidad y el Estado de Derecho en sus rasgos fundamentales, el ejercicio del poder casi no tenía límites.[11] Actualmente se perdieron las proporciones y el enloquecido desenfreno presidencial se ha transformado en una dictadura política, que debemos derrotar contundentemente y provocar un cambio institucional profundo.

A partir de 1958 el personalismo fue enfrentado por una nueva cultura democrática que comenzó a surgir y a desarrollarse durante los años de la democracia. Poco a poco, el comportamiento colectivo y comunitario se iba acrecentando, la sociedad comenzó a tener manifestaciones políticas en términos de comunidad, de grupos de interés ciudadanos, de actitudes colectivas, y esa tendencia natural en democracia se fue abriendo camino y comenzó a tener vida propia en lo político. Tendencia favorecida por una manera de ser del pueblo venezolano propicia hacia lo colectivo y lo comunitario. Las dos actitudes comenzaron su lento y paralelo caminar, el personalismo consolidado en el poder, desde siempre, en el quehacer y en el actuar político, y lo

---

[11] Ver: Rey, Juan Carlos. *Crisis de la responsabilidad política en Venezuela*. Caracas. 2009.

colectivo como un ejercicio nuevo de ciudadanía. En algún momento estas dos formas de ser de la vida política tenían que encontrarse frente a frente, de una manera complicada, y eso es lo que está ocurriendo ahora. Y de ello debemos darnos cuenta.

Debemos sustituir una democracia fundamentada en el *yo* como la presidencial, por una democracia fundamentada en el *nosotros* como la parlamentaria. Debemos dar por terminada la época de los cogollos, de las élites, de las cúpulas, de los cenáculos, de la democracia de unos pocos para crear una democracia de la mayoría, de las oportunidades para todos, abierta, colectiva y parlamentaria.

Muchos venezolanos ven que no hay posibilidad de regresar al pasado[12] y el parlamentarismo puede instalar unas nuevas reglas de juego. Que ya no hay razón para seguir aferrados al presidencialismo y que con el parlamentarismo se puede crear un nuevo sistema político, más democrático, abierto y estable. Por ello, invitamos a todos aquellos que se mantienen al margen, que no se pronuncian, que tienen sus dudas sobre el futuro de la democracia, a que estudien esta propuesta de cambiar el régimen presidencial por el parlamentario, a que revisen cómo se comporta la democracia parlamentaria en otros países.

3. LA CRISIS DEL PRESIDENCIALISMO VENEZOLANO

Es necesario enfocarse sobre el aspecto institucional de la crisis de la democracia venezolana, que si bien ha sido estudiado en el ámbito académico, no ha sido considerado en la realidad política cotidiana: existe

---

[12] El presidencialismo de la «quinta» Republica ahora se confunde con el fantasma de la «cuarta» República.

una resistencia a aceptar la necesidad de hacer cambios institucionales profundos como una precondición para salir de la crisis política.[13] Sin embargo, es necesario plantear la crisis institucional del presidencialismo venezolano y la visión de que es necesario hacer cambios en la forma constitucional de ejercer el poder político en Venezuela.

La crisis de nuestra democracia se registra dentro de lo que se considera una crisis global y compleja de la democracia,[14] que ha generado a nivel mundial la inestabilidad democrática de los sistemas políticos.[15] En este contexto, que no podemos ignorar, la crisis del presidencialismo se inscribe como una crisis específica del sistema político venezolano, en el entendido de que las cuestiones institucionales del sistema político tienen una alta resonancia y repercusión en la vida política.

La propuesta de cambiar el régimen político venezolano tiene su fundamento en investigaciones y trabajos venezolanos en las áreas de las ciencias políticas,[16] sociales[17] y jurídicas,[18] sobre el régimen político venezolano.[19] Y en la doctrina de derecho comparado que comprende

---

[13] Un sector de la sociedad democrática se resiste a considerar la posibilidad de hacer cambios constitucionales por múltiples razones.

[14] Ver: Rosanvallon, Pierre. *La contre-démocratie. La politique à l'âge de la défiance*. Seuil. Paris. 2006.

[15] Ver: Rosanvallon, Pierre. *La démocratie inachevée*. Gallimard. Paris. 2000.

[16] Ver: Rey, Juan Carlos. *Crisis de la responsabilidad política en Venezuela*. Caracas. 2009. Rey, Juan Carlos. *Personalismo o liderazgo democrático. El caso Rómulo Betancourt*. Caracas. 2008.

[17] Ver: Moreno Olmedo, Alejandro. *El Aro y la Trama*. Convivium Press. Colección. EPISTEME. 2008.

[18] Ver: Ayala Corao, Carlos. *El Régimen Presidencial en América Latina y los planteamientos para su reforma*. EJV. Caracas. 1992.

[19] Los cuales han sido objeto de diversos seminarios que he dictado en la Escuela de Estudios Políticos y Administrativos de la UCV entre los años 2010 y 2012.

fundamentalmente los trabajos de Juan Linz y Arturo Valenzuela, en USA,[20] así como de la doctrina europea.[21]

La crisis del presidencialismo venezolano comprende no solo la dimensión institucional, sino la constitucional y desde la perspectiva de la ciencia política venezolana. Se presenta, primero, como una crisis institucional con tres aspectos: **1.** La crisis del régimen político presidencial, entendido como el conjunto de elementos de hecho y de derecho que contribuyen al ejercicio del poder, como crisis del modelo de ejercicio del poder en la sociedad venezolana. **2.** La crisis del Gobierno presidencial, como responsable del fracaso institucional y de la deriva autoritaria del sistema político; de la concentración del poder y del sistema de toma de decisiones; de la ruptura del vínculo político y de los espacios constitucionales: Político y Jurídico. Y responsable de la crisis de la representación política y del sistema electoral, la cual se encuentra distorsionada como estructura de legitimidad política y completamente asfixiada por el predominio del Poder Ejecutivo dentro de la realidad del poder político.[22] **3.** La crisis de legitimidad del modelo presidencial, que se evidencia en la existencia de dos legitimidades, la del presidente y la del órgano legislativo, con la preponderancia política de la legitimidad presidencial. Además de otros problemas señalados por Juan Linz y Arturo Valenzuela:[23] El drama del período constitucional y los conflictos

---

[20]Ver: Linz, Juan J. y Valenzuela, Arturo. *Las crisis del presidencialismo.* Tomo 1. *Perspectivas comparativas.* Tomo 2. *El caso de Latinoamérica.* Alianza Editorial. Madrid. 1997-1998.

[21] Ver: Turpin, Dominique. *Le régime parlamentaire.* Dalloz. París. 1997. Lauvaux, Philippe. *Le parlamentarisme.* PUF. Que sais-je? N° 2343. París. 1989.

[22] Ver: Abal Medina, Juan. *La muerte y resurrección de la representación política.* FCE. México. 2004. Accarino, Bruno. *Representación.* Ediciones Nueva Visión. Buenos Aires. 2003.

[23]Ver: Linz, Juan J. y Valenzuela, Arturo. *Las crisis del presidencialismo.* Tomo 1. *Perspectivas comparativas.* Tomo 2. *El caso de Latinoamérica.* Alianza Editorial. Madrid. 1997-1998.

derivados de la rigidez caótica del sistema. La irresponsabilidad política y la falta de control político del presidente. La inestabilidad política y la imposibilidad de cambiar de gobierno. El estilo personalista de dominación política,[24] generadora de una lógica y una cultura política del señorío y el sometimiento. El populismo y el culto a la personalidad.[25]

Segundo, existe una crisis constitucional del presidencialismo desde su perspectiva constituyente, como conflicto pendiente, dado que el presidencialismo ha jugado un rol como elemento de base en las propuestas de reforma constitucional.[26] También desde la perspectiva normativa, dado que la violación del Estado de Derecho es una realidad cotidiana.[27] Y una crisis muy seria de recomposición del pacto social, dado que resultan incompatibles las propuestas de organización política y social que se sostienen desde el gobierno y desde la sociedad democrática.[28]

Tercero, la crisis del sistema presidencial venezolano ha sido estudiada por la ciencia política venezolana desde múltiples perspectivas. Del personalismo y caudillismo presidencial.[29] La crisis de los partidos

---

[24] Ver:Moderne, Franck. *Les avatars du présidentialisme dans les États Latino-Américains.* En Revista *Pouvoirs.* N.º 98. Paris. 2001. Pág.63.

[25] Ver: Lazo Cividanes, Jorge. *Una vuelta al populismo "clásico". El caso de Hugo Chávez.* En: Alfredo Ramos Jiménez. *La Revolución Bolivariana. El pasado de una ilusión.* La Hoja del Norte. Caracas. 2011. Pág. 123.

[26] La reforma constitucional de 1999 tuvo su objetivo fundamental en la idea de acrecentar los poderes del presidente y la enmienda de 2009 para asegurar la reelección del presidente. La frustrada reforma de 2007 se debe interpretar como una crisis del presidencialismo. Ver: Mejía B, José Amando. *La ruptura del hilo constitucional.* En: *Revista de Derecho Público.* N.º 112. *Estudios sobre la reforma constitucional de 2007.* EJV. Caracas. 2007. Pág. 47.

[27] Ver: Mejía B, José Amando. *Cuando el presidencialismo destruye al Estado y empobrece a la Nación.* En: *Cuando el Estado empobrece a la Nación.* Fundación Venezuela Positiva. Caracas, 2006.

[28] Ver: Mejía B, José Amando. *La confiscación del Poder Constituyente.* En: *Revista Tachirense de Derecho.* N.º 19. UCAT. San Cristóbal. 2008. Pág. 101.

[29] Ver: Soriano, Graciela. *El personalismo político hispanoamericano del siglo XIX.* Caracas. Monte Ávila. 1996.

políticos.[30]Del sistema de conciliación de élites.[31] De la representación política.[32]La crisis política en el mundo popular.[33]Crisis del Estado Social y de la economía social de mercado.[34]De la confusión de poderes.[35] De la centralización política.[36] La crisis de gobernabilidad y eficacia de la gestión pública. La crisis conceptual del presidencialismo: Institucional en Estados Unidos y personalista en América Latina; que plantea la gran diferencia entre el sistema presidencial norteamericano constituido sobre instituciones y el presidencialismo latinoamericano fuertemente personificado.[37]

Particularmente hay que referirse a la crisis política en el mundo popular, que se refleja de los estudios hechos por el Centro de Investigaciones Populares, bajo la coordinación del profesor Alejandro Moreno Olmedo.[38] Que se refieren a la estructura antropológica, cultural y sociológica del venezolano; a la familia venezolana como una familia

---

[30] Ver: Rey, Juan Carlos. *Esplendores y miserias de los partidos políticos en la historia del pensamiento venezolano.* En: *Boletín de la Academia Nacional de la Historia.* N.º 343-344. Caracas. 2003. Pág. 9-43.

[31] Ver: Rey, Juan Carlos. *La Democracia Venezolana y la Crisis del Sistema Populista de Conciliación.* En: *Revista de Estudios Políticos.* N.º 74. Madrid. 1991. Pág. 542-544.

[32] Ver: Rey, Juan Carlos. *Poder, Libertad y Responsabilidad en la Democracia Representativa.* En: *ITER. Revista de Teología.* N.º 30 y 31. UCAB. Caracas. 2003. Pág. 37. Rey, Juan Carlos. *Apogeo y decadencia de la democracia representativa.* En: *América Latina Alternativas para la democracia.* Monte Ávila. Caracas. 1992. Pág. 15.

[33] Ver: España N, Luis Pedro. *Detrás de la Pobreza. Diez años después.* UCAB. 2009.

[34] Ver: Hidalgo, Manuel. *¿Empeorar para mejorar? Cambio político y Desgobierno económico en Venezuela.* En: Alfredo Ramos Jiménez. *La Revolución Bolivariana. El pasado de una ilusión.* La Hoja del Norte. Caracas. 2011. Pág. 145.

[35] Ver: Revista de Derecho Público. N.º 115- 2008. *Estudios sobre los Decretos Leyes 2008.* N.º 130-2012. *Estudios sobre los Decretos Leyes 2010-2012.* EJV. Caracas.

[36] Ver: Villegas, José Luis. *Doscientos años de Municipalismo.* UCAT. Funeda. Caracas. 2010. Pág. 207.

[37]Por esta razón, la ciencia política europea distingue como dos sistemas claramente diferenciados, lo que ellos llaman el sistema presidencial norteamericano del presidencialismo latinoamericano. Por lo que constituye un error frecuente considerarlos dentro del mismo modelo político, cuando, además de la misma y equívoca denominación, tienen en realidad muy poco en común desde el punto de vista institucional. Ver: Cadart, Jaques. *Institutions Politiques et Droit Constitutionnel.* LGDJ. Paris. 1979.

[38] Centro de Investigaciones Populares (CIP). Centro juvenil Don Bosco. Ave. Rómulo Gallegos. Caracas.

«matricentrada»; a la división de la sociedad venezolana en popular y moderna; y a la naturaleza comunitaria del comportamiento del mundo popular, dada su propensión a la reunión, al diálogo colectivo, a la asamblea, que son indicadores de una predisposición natural a un régimen como el «parlamentario», que pudiéramos llamar de «convivencia»: el pueblo en asamblea.

4. LA TEORÍA GENERAL DEL RÉGIMEN PARLAMENTARIO

Hay que comenzar por entender que el régimen parlamentario se corresponde con una teoría general del sistema parlamentario, en el sentido de que constituye un sistema político sustentado en bases teóricas y autónomas. Quiero decir que el modelo parlamentario, si bien tiene un origen histórico bien conocido, su desarrollo político ha transcurrido de tal manera que hoy conforma una teoría general con sus propias reglas e instituciones.[39] Significa que hay una teoría autónoma del sistema parlamentario que permite su aplicación en las más variadas situaciones y contextos políticos y sociales, lo que explica que países con muy diferente situación histórica, política y cultural, hayan adoptado el régimen parlamentario como forma de gobierno.[40]

Esta teoría general del parlamentarismo es relativamente reciente y surge con la introducción del modelo constitucional en la Europa Occidental por los vencedores de la segunda gran guerra, que significó el paso del parlamentarismo histórico al parlamentarismo racionalizado. El parlamentarismo histórico, que también se llama el parlamentarismo

---

[39] Hay que refutar con este argumento esa opinión bastante generalizada de que el parlamentarismo es inaplicable en Venezuela porque responde a realidades históricas y políticas muy distintas a las nuestras.

[40] Ver: Lauvaux, Philippe. *Le parlamentarisme*. PUF. *que sais-je?* 1990. Pág. 34.

clásico,[41] es fruto de las realidades políticas y sociales que acompañaron la evolución política europea en su paso del régimen absolutista al Estado democrático y de derecho; y a la paulatina transferencia del poder político del monarca a las asambleas representativas.[42] La historia del parlamentarismo se confunde con la historia de la representación política, de la democracia y del Estado liberal.

La moderna concepción científica del parlamentarismo se configura, luego de la segunda gran guerra, cuando se introduce la teoría del parlamentarismo racionalizado,[43] cuyos mejores exponentes son la Constitución de Alemania[44] y la de España.[45] El parlamentarismo contemporáneo ha sufrido una gran evolución y se ha transformado en un sólido modelo de sistema político, tanto en su estructura institucional como en el funcionamiento de las instituciones parlamentarias.

El criterio fundamental del parlamentarismo es el principio de la responsabilidad política del Gobierno ante el Parlamento, lo que significa, por un lado, una estructura institucional compuesta por tres órganos fundamentales: El parlamento, el gobierno y el jefe del Estado; y por dos poderes: El poder ejecutivo y el poder legislativo. Estructura que funciona, por otro lado, mediante los mecanismos propios y muy conocidos del sistema parlamentario que, para mantener la estabilidad del gobierno, permiten el equilibrio entre el poder de censura que tiene el parlamento y el poder de disolución que tiene el gobierno. Las

---

[41]Ver: Lauvaux, Philippe. *Le parlamentarisme.* PUF. *que sais-je?* 1990. Pág. 13.

[42] Ver: Leruez, Jacquez. *Le système politique britanique.* Armand Colin. Paris. 2001.

[43] Turpin, Dominique. *Le régime parlamentaire.* Dalloz. Paris. 1997. Pág. 65.

[44] Denominada *Ley Fundamental de la República Federal de Alemania*, publicada el 23 de mayo de 1949 en el Boletín Oficial Federal.

[45] La Constitución Española fue publicada en el Boletín Oficial del Estado el 29 de diciembre de 1978.

instituciones parlamentarias funcionan bajo la aplicación del principio mayoritario, lo que le da una gran legitimidad al sistema.

El Parlamento es la expresión de la soberanía parlamentaria, de un poder político que lo transforma en la casa de la política y como el centro del debate nacional.[46] Es la institución que, según la conocida expresión de Hans Kelsen, permite la formación de la voluntad del Estado por un órgano colegial elegido por el pueblo. De ahí que sea la expresión de la legitimidad del consentimiento político. El Parlamento es el eje de la representación política, lo que le da toda la funcionalidad institucional y política como la expresión más acabada del concepto de democracia representativa. El gobierno parlamentario se entiende como la dirección colectiva del Estado y del ejercicio del poder, mediante una estructura institucional y un juego funcional que permite esa dirección colectiva.

Hemos dicho que el criterio fundamental para definir el parlamentarismo es que el gobierno sea responsable ante el parlamento, lo que permite tener una visión del gobierno parlamentario dentro de un concepto de separación de poderes, propio de un régimen de separación de las funciones del Estado, pero sometido a una idea de colaboración, donde la democracia juega como lógica fundamental de la acción y de la vida política.

Particularmente, el parlamentarismo se fundamenta en el sistema de partidos políticos. No puede haber sistema parlamentario sin partidos políticos, y esta valorización fundamental del sistema de partidos políticos, como razón profunda de su ser institucional, es una de las

---

[46]Ver: Leruez, Jacquez. *Le système politique britanique.* Armand Colin. Paris. 2001. Pág. 17.

cuestiones más significativas del parlamentarismo, como estructura político-institucional para organizar y encauzar el ejercicio del poder y la vida política. La circunstancia de que los partidos políticos sean los actores fundamentales del sistema parlamentario, demuestra su naturaleza fundamentalmente política, que le permite organizar el juego democrático de los partidos en el sistema y constituirse en la expresión más acabada de la democracia. Por ello no constituye una sorpresa cuando se constata el respeto a las minorías políticas en los países con regímenes parlamentarios, ya que, si bien el ejercicio del poder político resulta de una mayoría política, esta se constituye y funciona con las diferentes estructuras de mayorías políticas que pueden conformarse: partido único, bipartidismo, pluripartidismo.

La dirección política en el parlamentarismo está montada sobre la conducción colectiva. La dirección colectiva constituye el desarrollo de una lógica de la política que toma en cuenta la diversidad, la pluralidad, las muchas sensibilidades políticas en el ejercicio del poder. La dirección colectiva se transforma en el elemento indispensable a la facilitación, efectividad y estímulo del principio de la participación política, que también responde a esta orientación. Lo que hace que la idea de la participación sea indisociable de la representación política, por lo que uno no puede existir sin el otro.[47] Todo lo cual hace que el sistema político esté sometido a una gran tensión e intensidad y a la inteligencia y lucidez política. En la realidad parlamentaria los instrumentos y herramientas fundamentales de la acción y el comportamiento político son el acuerdo, el diálogo, la negociación y la participación.

---

[47] Ver: Tudela Aranda, José. *El Parlamento necesario. Parlamento y democracia en el siglo XXI*. Congreso de los Diputados. Madrid. 2008. Pág. 239.

MARCO INSTITUCIONAL DEL PARLAMENTARISMO

El parlamentarismo es el gobierno parlamentario. El parlamentarismo se asimila al régimen representativo y democrático. Está basado en el principio de la separación de poderes cuya historia es la misma del parlamentarismo.[48]De donde surge el concepto de que el parlamentarismo constituye un régimen de separación flexible de poderes en tanto que el presidencialismo se aprecia como una separación rígida de los poderes.

El parlamentarismo responde a la expresión bien conocida en la escuela francesa, que para explicar su marco institucional formuló el profesor Georges Burdeau: «dos poderes y tres órganos». «Los dos poderes, legislativo y ejecutivo, se encuentran repartidos entre el Parlamento, el jefe del Estado y el gobierno».[49] Ahora, el problema del poder político se refiere específicamente a las relaciones entre el poder ejecutivo y el poder legislativo. En la historia se ha producido una evolución del parlamentarismo dualista al parlamentarismo monista.[50]

En efecto, cuando comienza el desarrollo político del parlamentarismo, el monarca comienza a ceder poderes al Parlamento, hasta que llega un momento en que el gobierno que es designado por el monarca comienza a ser responsable, también, ante el Parlamento. Es aquí, pues, que se configura el modelo de parlamentarismo dualista cuando el gobierno es responsable a la vez ante el jefe del Estado y ante

---

[48] El parlamento surge históricamente como reacción a la concentración de poderes en el monarca. Poco a poco el poder absoluto va cediendo poderes al parlamento y comienza a configurarse en la realidad el principio de la separación de poderes.

[49]Ver: Lauvaux, Philippe. *Le parlamentarisme*. PUF. *que sais-je?* 1990. Pág. 45.

[50]Ver: Turpin, Dominique. *Le régime parlamentaire*. Dalloz. Paris. 1997. Este autor desarrolla su trabajo en base a la distinción entre los regímenes parlamentarios monistas y dualistas.

el Parlamento. Por lo que la designación y el cambio de gobierno es un asunto que concierne tanto al jefe del Estado como al Parlamento. En el parlamentarismo dualista tanto el jefe del Estado como el jefe del Gobierno forman parte del Poder Ejecutivo. Este modelo dualista se mantiene hoy en día y sirve para explicar los que se llaman sistemas semipresidenciales o semiparlamentarios, como, por ejemplo, el sistema político francés donde el jefe del Gobierno, llamado normalmente el primer ministro, depende y es responsable políticamente a la vez, tanto del jefe del Estado como del Parlamento.

Pero cuando el Parlamento se independiza completamente de la Corona, como en el modelo británico, nace el parlamentarismo monista donde el Gobierno es responsable solamente ante el Parlamento. Es decir, que la designación y cambio del gobierno solo es competencia del Parlamento. En el modelo monista, entonces, el jefe del Estado no forma parte del Poder Ejecutivo y está fuera de la realidad del poder.

Se puede decir que el modelo dualista está a medio camino y que el parlamentarismo genuino es el parlamentarismo monista. A partir de esta distinción, se pueden estudiar los sistemas políticos parlamentarios y semiparlamentarios en su gran variedad de formulaciones en la realidad política.[51] Pero lo importante es que esta clasificación da la idea de base para entender el parlamentarismo como sistema político, ya que, o se trata de un sistema parlamentario monista o de un sistema parlamentario dualista. De manera que en la teoría del parlamentarismo dualista el Gobierno es responsable a la vez, ante el jefe del Estado y ante el Parlamento, mientras que en la teoría del parlamentarismo monista el Gobierno es responsable solamente ante el Parlamento. A partir de esta

---

[51] La diversidad y variantes institucionales del parlamentarismo es enorme.

distinción se puede hacer cualquier ingeniería constitucional, y a la hora de instaurar un sistema parlamentario, el aspecto más importante es decidir si se crea un sistema parlamentario monista o dualista, y luego se revisan los distintos elementos en base a esta decisión inicial.

EL PARLAMENTARISMO MONISTA

En la teoría del parlamentarismo monista[52] el régimen parlamentario se reduce a un equilibrio entre la mayoría parlamentaria y el gobierno del cual procede. La responsabilidad política del gobierno ante el Parlamento es el criterio del parlamentarismo monista y el jefe del Estado no forma parte del Poder Ejecutivo. El jefe del Estado pierde la realidad del poder en beneficio solo del jefe del Gobierno (primer ministro) y es un órgano constitucional que queda fuera del Poder Ejecutivo. Se configura el ejercicio del poder político por la mayoría política y el Parlamento además del ejercicio del poder legislativo ejerce un poder de control político sobre el gobierno.

El funcionamiento del parlamentarismo monista consiste en un gobierno presidido por el jefe del Gobierno, normalmente denominado primer ministro,[53] quien es responsable ante el Parlamento. Ahora bien, como el problema del ejercicio del poder se refiere específicamente a las relaciones entre el Parlamento y el Gobierno, para garantizar la estabilidad del gobierno, el sistema parlamentario funciona a partir de un conjunto de reglas constitucionales, donde la más conocida es una regla de equilibrio que consiste en que el Parlamento dispone de un voto de confianza para instalar el nuevo Gobierno y de un voto de censura para

---

[52]Ver: Turpin, Dominique. *Le régime parlamentaire*. Dalloz. París. 1997. Pág. 41.
[53] En España se le denomina presidente del Gobierno y en Alemania, canciller.

revocarlo. Particularmente, el ejercicio del poder de censura le permite al Parlamento destituir al Gobierno y cambiarlo por otro que recibirá su confianza. Pero, ante este poder de censura gubernamental del Parlamento, el jefe del Gobierno no está desarmado y a la merced del Parlamento, sino que dispone de un poder que se denomina de disolución del parlamento, que le permite, en caso de que el Parlamento censure al Gobierno, proceder a disolver el Parlamento y llamar a elecciones para elegir un nuevo Parlamento. Dejando en manos del electorado la resolución del conflicto planteado, que ratificará la actual mayoría o designará una nueva mayoría, que resolverán si mantienen al Gobierno o lo cambian.

Se comprende claramente que el juego político que generan estas reglas crea un cuadro de poder que equilibra, cuando se enfrentan, los poderes del Gobierno y el Parlamento, lo que genera estabilidad a los gobiernos parlamentarios. Antes de la gran guerra, era normal que el Gobierno estuviera a la merced de la mayoría parlamentaria, lo que se conoce como la era del parlamentarismo salvaje, pero con el establecimiento de la teoría del parlamentarismo racionalizado, se incluyeron en las Constituciones parlamentarias, además de las reglas mencionadas, otro conjunto de reglas para precisamente «racionalizar» constitucionalmente al sistema político y darles estabilidad a los gobiernos parlamentarios. Se buscó por esta vía establecer reglas que cumplieran el efecto de estabilizar los gobiernos y no dejar, como era antes, toda la responsabilidad en el juego político de los partidos para conformar las mayorías parlamentarias. Así, a partir de la Constitución alemana de 1949, se fueron introduciendo reglas para garantizar la estabilidad de los gobiernos parlamentarios, lo que se conoce, como hemos dicho, como el parlamentarismo racionalizado. Hoy en día se puede observar una gran estabilidad en la mayoría de los gobiernos parlamentarios. De manera que, cuando surge después de la segunda guerra el parlamentarismo moderno, del cual son buenos ejemplos el modelo español y el alemán, se configuran los regímenes parlamentarios racionalizados. Donde se establecen reglas constitucionales que garantizan la estabilidad de los gobiernos parlamentarios, por ejemplo, las técnicas del voto de censura constructivo,[54] la doble vuelta electoral, el sistema electoral mixto, etc.

Adicionalmente en el parlamentarismo de tipo monista, el jefe del Estado no forma parte del Poder Ejecutivo y, por tanto, no participa del poder político. Sus funciones son solamente formales, de prestigio, de unidad nacional sobre bases históricas y sociológicas, con una importancia secundaria, para asegurar, la mayoría de los casos, un papel de consejero y de participación como coadyuvante coyuntural en las crisis políticas de gobierno; así como llevar la función notarial de la instalación y cambios de gobierno.

EL PARLAMENTARISMO DUALISTA

En la teoría del parlamentarismo dualista,[55] el régimen semiparlamentario o también llamado semipresidencial, consiste en un equilibrio de poder entre el Parlamento, el Gobierno y el jefe del Estado. En realidad, se trata de un presidencialismo en el ejercicio del poder y de un parlamentarismo en el comportamiento político.[56] El criterio de este sistema es que el

---

[54] Esta regla consiste en que no se puede emitir un voto de censura gubernamental sin tener conformada la mayoría de remplazo que asumirá el nuevo gobierno.

[55] Ver: Turpin, Dominique. *Le régime parlamentaire.* Dalloz. Paris. 1997. Pág.11.

[56] El modelo emblemático francés, se ha trasformado, poco a poco, al ritmo de recientes reformas constitucionales en un régimen fundamentalmente presidencial.

Gobierno es responsable, a la vez, ante el Parlamento y ante el jefe del Estado que, como sabemos forma parte del Poder Ejecutivo y participa de la realidad del poder ejerciendo funciones políticas principales, por lo que el presidente tiene una importancia fundamental. En el sentido tradicional expresa el personalismo del Estado como instrumento habitual para caracterizar el presidencialismo. La evolución reciente del modelo político institucional francés va en la dirección de transformarse en un presidencialismo clásico.[57]

5. EL PARLAMENTARISMO Y EL CAMBIO POLÍTICO

La evolución contemporánea indica el paso del del parlamentarismo histórico al parlamentarismo constitucional como teoría del gobierno. Se ha producido una transformación del parlamentarismo clásico al parlamentarismo racionalizado. De aquí ha surgido como un régimen político más democrático que el presidencial,[58] en el sentido de que su práctica se aleja de la personalización del poder, la sustituye por la institucionalización e incorpora la pluralidad democrática en la conducción política.

---

[57] La prensa francesa refiriéndose al expresidente Nicolas Sarkozy decía que Francia tenía un presidente latinoamericano.

[58] Esta afirmación no es compartida por todos. Ha sido un paradigma de la ciencia política latinoamericana sostener que el presidencialismo es tan democrático como el parlamentarismo. Con la llegada al poder de presidentes populistas de izquierda han surgido nuevos elementos de defensa de esta tesis. Ver: Lanzaro, Jorge. (Compilador) *Tipos de presidencialismo y coaliciones políticas en América Latina*. Clacso. Buenos Aires. 2003. Sin embargo, nuestra opinión es que el presidencialismo latinoamericano es predemocrático y ha constituido una fórmula política para iniciar el proceso de democratización regional y que, será luego de la experiencia histórica presidencialista, que aparece la necesidad de un cambio hacia el parlamentarismo, al que consideramos, sin ninguna duda, un régimen de democracia avanzada. Recientemente en Colombia se dio esta discusión. Ver: Tito Livio Caldas y Andrés Mejía Vergnaud. (Compiladores). *El Sistema Parlamentario. El mejor gobierno para Colombia*. Legis. Bogotá. 2004.

En el sistema parlamentario el poder político de la mayoría obliga al gobierno a ser responsable, las grandes decisiones provienen de la mayoría política y la dirección política colectiva se fundamenta en los partidos políticos con un balanceado respeto a las minorías políticas. Los cambios de gobierno se producen regularmente por razones políticas y el sistema electoral tiene una importancia trascendental.

El sistema político presidencial venezolano está agotado y presenta una crisis terminal, por lo que es necesario cambiar, renovar y profundizar la democracia, superar el sistema de conciliación de élites y recuperar el principio de representación política y de la democracia representativa donde el parlamentarismo es su mejor expresión. La recuperación del sistema de partidos políticos es una absoluta prioridad, que puede producirse y estimularse dentro del nuevo ambiente que surja de la democracia parlamentaria, al favorecer una nueva conexión de la dirigencia con el pueblo fundada en nuevas reglas institucionales.

De los importantes estudios realizados en Venezuela por las ciencias sociales y políticas, se vislumbra una relación entre el parlamentarismo como modelo político y la estructura cultural, antropológica, psicológica e idiosincrasia del venezolano (rasgos, temperamento, características distintivas y propias del mundo popular venezolano). La investigación sobre el mundo popular venezolano[59] indica la relación estrecha entre la manera de convivir del pueblo y las decisiones comunitarias, lo que sin duda constituye un elemento que

---

[59] Ver los importantes trabajos del profesor Alejandro Moreno Olmedo. *La Familia Popular Venezolana*. UCAB. Centro Gumilla. Caracas. 2012. Y del *Centro de Investigaciones Populares* (CIP). Centro juvenil Don Bosco. Ave. Rómulo Gallegos. Caracas.

favorece la instalación del régimen político parlamentario que se sustenta en este tipo de orden cultural y sociológico.

PARLAMENTARISMO Y PUEBLO

Pensemos en una democracia parlamentaria con sabor a pueblo y con presencia del pueblo, que obligue necesariamente a rescatar la democracia representativa, la única posible, la verdadera, la auténtica, donde la representación política sea el eje del sistema y la única fuente de legitimidad y de respeto al poder. Que se entregue el poder político al pueblo, mediante los mecanismos institucionales de la democracia parlamentaria, a una legítima asamblea representativa del pueblo para que sea ella quien designe al gobierno, lo controle, para que lo respalde cuando ese gobierno funcione y que lo quite cuando ese gobierno no funcione. Que el pueblo asuma la responsabilidad de dirigir su destino, mediante sus representantes elegidos en una democracia representativa y parlamentaria.

No podemos seguir con un sistema presidencial donde un solo hombre hable en nombre del pueblo y haga lo que le venga en gana, sino que sea el mismo pueblo en asamblea quien hable a través de sus representantes. Ese es el rumbo que puede tomar la democracia venezolana: hacer del Parlamento la institución fundamental de la política, crear otra manera de hacer política, concebir la política de otro modo, plantear la política desde otro lugar, desde el Parlamento donde se reúna el pueblo y tome las decisiones fundamentales de la Nación.

Al pueblo pobre y al mundo popular venezolano tan manoseado y manipulado por el presidencialismo, hay que proponerle una democracia parlamentaria donde se elijan a sus representantes legítimamente y que pueda ese pueblo en asamblea ejercer el poder político. Esta es una oferta política muy superior en materia democrática a la que puede hacer el presidencialismo, donde el caudillo por un lado habla en nombre del pueblo y, por el otro, lo domina, lo somete y subyuga. Con la democracia parlamentaria el pueblo tendrá una opción real de poder la cual es considerada como el sistema más democrático que haya inventado la ciencia política.

ESTADO SOCIAL Y DEMOCRACIA PARLAMENTARIA

La democracia parlamentaria va a permitir darle sostenibilidad política al Estado social previsto en la Constitución. La sociedad venezolana va a disponer de los instrumentos institucionales adecuados para crear el Estado social, mantenerlo y mejorarlo. Se podrá controlar el poder político y ponerlo al servicio de la edificación colectiva del Estado social, construir institucionalmente la solidaridad y garantizar la igualdad y la redistribución de los beneficios de la democracia. El parlamentarismo permitirá hacerle frente, de manera eficaz y exitosa, al problema de la pobreza, la exclusión y la desigualdad.

El Estado de bienestar y los eficaces sistemas de seguridad social, como el que queremos para Venezuela, han sido creados en las democracias parlamentarias europeas. La cuestión social es el gran problema venezolano, ya que existe la pobreza, la miseria, el abandono y la exclusión en las entrañas mismas de nuestro pacto social democrático. Pienso que debemos transformarnos en una democracia parlamentaria para resolver el problema social como lo han hecho los parlamentarismos europeos.

PARLAMENTARISMO, ECONOMÍA DE MERCADO Y SISTEMA TRIBUTARIO

El parlamentarismo como sistema político va a permitir construir una verdadera economía social y ecológica[60] de mercado que genere crecimiento económico, empleo y oportunidades. Sin crecimiento económico no hay desarrollo social, ni posibilidades de eliminar la pobreza ni de construir un Estado social de bienestar. La conjunción de la democracia parlamentaria y el Estado social, van a permitir darle sostenibilidad institucional, social y política a la economía de mercado, como ocurre en Europa y en países tan representativos como Alemania.

La solidaridad debe ser un compromiso de la nueva economía social de mercado, que se exprese en el sistema tributario como un componente fundamental de la economía de mercado, que permitirá el financiamiento del Estado de bienestar y la solución paulatina y permanente del problema social y de la pobreza. Nuestra realidad social exige una manifestación permanente de la solidaridad a través del sistema tributario, el cual, estará en el centro de las grandes decisiones políticas que se deberán tomar en la democracia social y tributaria, a través del parlamentarismo.

Cuando la democracia parlamentaria se instale y despegue la economía de mercado, el sistema tributario será la principal preocupación política y el tema clave para la construcción y defensa del Estado de bienestar, que garantice la seguridad social, las condiciones existenciales y la calidad de vida para todo el pueblo venezolano. La democracia parlamentaria deberá constituirse en la bisagra institucional

---

[60] Ver: Villegas Moreno, José Luís. *Manual de Derecho Administrativo Ambiental*. UCAT. San Cristóbal. 2012.

para la construcción del Estado social en armonía con el desarrollo de una economía de mercado, donde funcione la lógica del Estado y la lógica de la economía.

6. LA TRANSICIÓN POLÍTICA AL PARLAMENTARISMO

Se debe iniciar un período de transición política[61] hasta que, una vez aprobada la nueva Constitución parlamentaria, se convoquen las elecciones al nuevo Parlamento, del cual surgirá el primer gobierno parlamentario de nuestra historia republicana. Una vez instalado el nuevo gobierno parlamentario, termina la transición y comenzará una nueva era política para Venezuela.

Precisamente se debe adoptar el cambio de régimen político hacia el parlamentarismo como la estrategia política de la transición, que se constituya en el fundamento conceptual que garantice y provoque la unidad y exprese el proyecto político que le hace falta a las fuerzas democráticas. En el sentido de ofrecer nuevos criterios, abrir posibilidades distintas de negociación y provocar decisiones creativas, que aseguren y orienten a todos los factores de la democracia, de la mejor manera, hacia el objetivo de crear la democracia parlamentaria; lo que constituye un aspecto concreto, operativo, inmediato y una nueva plataforma de negociación entre los actores políticos, que puede conducir, de una manera diferente y complementaria a como se ha hecho hasta ahora, a la mayoría política y democrática. De esta manera, el pueblo sabrá a qué atenerse en el presente y en el futuro, y se puede terminar de construir y organizar, poco a poco, la fuerza política

---

[61]Ver: Hernández Muñoz, Eladio. *Transición en Democracia*. UCV. Caracas. 2008.

necesaria para iniciar el proceso de cambios políticos que se requieren; y se entendería, además, que se busca ganar espacios políticos que permitirán favorecer y consolidar la fuerza de la democracia.

La transición política hacia la democracia parlamentaria será una estrategia de cambio gradual de un pasado que ya luce agotado, de ruptura paulatina en la medida que se trata de modificar el funcionamiento de la democracia, y de un proceso que puede ser aceptado políticamente por la mayoría de los sectores de la sociedad democrática venezolana. La estrategia de transición hacia un cambio de sistema de gobierno será, ante todo, un proceso político pacífico, firme, seguro, que tiene los elementos de reforma fundamentales a que aspira el pueblo sin que se produzca un quiebre del orden constitucional.

Se abrirá un proceso de negociación y de tanteos mutuos, acompañados de una negociación política amplia entre todos los factores que conforman la democracia.[62] La idea de cambio inspirada por la democracia parlamentaria será un receptáculo sociológico de voluntades dispares, pero coincidentes en un sueño y en una ilusión colectiva de completar un proceso de transformación de la democracia venezolana. La transición política inspirada en el cambio de régimen político hacia la democracia parlamentaria será, en definitiva, el compromiso histórico de la sociedad democrática con el futuro de Venezuela y de los venezolanos.

Esta transición política le permitirá ver al pueblo que se están tomando en cuenta sus preocupaciones de transformar el sistema político, social, económico y jurídico. Y también, permitirá debatir públicamente y divulgar en el pueblo el proyecto de cambio al que se

---

[62] Ver: Morodo, Raúl. *La transición política.* Tecnos. Madrid. 1997.

aspira realizar hacia el parlamentarismo, en democracia y con la democracia.

Este proceso permitirá que los partidos y demás movimientos políticos entren en sintonía con las variadas expresiones de la sociedad civil. Las más serias encuestas de opinión indican que hay una fuerza democrática en el pueblo que no se debe dejar perder y, más bien, hay que crear las condiciones para que se consolide y amplíe. También es una realidad, lo dicen los estudios de opinión, que la mayoría democrática del pueblo está con la democracia, pero desconfía del sistema de partidos organizados bajo la estructura política del presidencialismo. La propuesta va en la dirección fundamental de rescatar la confianza de nuestro pueblo en el sistema de partidos políticos dentro de la democracia parlamentaria. Esta etapa debe ser un proceso fluido de utilización de coyunturas en la lucha política, que permita incorporar, poco a poco, elementos de armonización política, y por ello, la propuesta de crear una democracia parlamentaria puede darle cohesión a toda la conformación y accionar de la sociedad democrática, donde la transición política signifique orientar toda la actividad política en esa dirección de cambio hacia la democracia parlamentaria.

Existe una relación entre la visión de cambiar el régimen político presidencial por un sistema parlamentario asociado al proceso de transición política, de dotar a la democracia de un proyecto político nuevo y válido y de crear una nueva estructura institucional de mediación democrática entre pueblo y política, orientada hacia una nueva manera democrática de ejercicio del poder por el pueblo.

El crecimiento alarmante de la crisis política se encuentra en una situación donde se deben resolver los problemas derivados del sistema presidencial. El cambio político al parlamentarismo puede funcionar como hilo conductor de la transición política. En mi opinión, hay que evitar la personalización de la solución política y acompañar al liderazgo colectivo con una propuesta de cambio político que funcione como un valor agregado, lo que significa derrumbar el paradigma del presidencialismo como salida política.

LA ASAMBLEA NACIONAL CONSTITUYENTE

Venezuela vive una efervescencia y una inquietud política y social que son la manifestación de un deseo de cambio profundo. El pueblo está en la búsqueda de una mejor democracia, de una democracia popular, eficiente, creativa, legítima y representativa. El pueblo quiere profundizar el proyecto democrático, democratizar la democracia, ponerla a su servicio. Quiere que el sistema democrático genere seguridad social y permita el crecimiento económico sostenido. Venezuela vive, desde hace tiempo, una inquietud constituyente. Hay en el pueblo un momento de cambio constituyente. Existe el deseo profundo de mejorar nuestro contrato social constitucional.[63]

El pueblo venezolano desea cambios políticos de verdad, aspira a una transformación de nuestra democracia, a la regularización, normalización y estabilización de nuestro Estado de Derecho. Por lo que se hace necesaria la convocatoria de una Asamblea Constituyente, que reforme nuestra Constitución y transforme nuestro sistema político en una democracia parlamentaria. Redacte una nueva Constitución y la

---

[63] Ver: Mejía, José Amando. *El Ejercicio Directo del Poder Constituyente* (Notas de Derecho Comparado, Francia Venezuela). En: *El Nuevo Derecho Constitucional Venezolano.* IV Congreso de Derecho Constitucional. UCAB. Caracas. 2001.

someta a la aprobación del pueblo. Pero, también, es necesaria la convocatoria de la Asamblea Constituyente para que asuma el poder político constituido. Es una realidad que los poderes constituidos están desquiciados y caóticamente descompuestos. Durante años se ha violentado sistemáticamente el orden constitucional.[64] Por ello, dado el grado de avance del deterioro constitucional, es muy difícil que se pueda restituir el orden institucional previsto en la constitución del año 99 sin la intervención de una Asamblea Constituyente.[65]

Las rigideces del sistema presidencial, los bloqueos institucionales existentes, la creación de un orden legal paralelo a la Constitución, la desarticulación de las instituciones, la violación sistemática al derecho de propiedad, el sistema de corrupción en todos los niveles, la construcción jurisprudencial del autoritarismo, y ahora la represión y la tortura,[66] nos indican que el país se encuentra desde el punto de vista constitucional y del Estado de Derecho en una situación precaria, ingobernable y caótica.

Las instituciones constitucionales y jurídicas de la República han colapsado. Al pueblo no se le puede mentir ni engañar, por ello, muchos observan que la situación en Venezuela es tan dramática que se debe llamar al pueblo constituyente, para que tome el control político de la nación, intervenga al poder constituido y restablezca el Estado de Derecho.

---

[64] Ver: Mejía, José Amando. *La Confiscación del Poder Constituyente.* Revista Tachirense de Derecho. UCAT. N.º 19. Enero - diciembre. San Cristóbal, estado Táchira. 2008.
[65] Ver: Le Pillouer, Arnaud. *Les pouvoirs non-constituants des assemblées constituantes. Essai sur le pouvoir instituant.* Dalloz. París. 2005.
[66] Lo que se ha hecho evidente con los sucesos del mes de febrero de 2014.

Es oportuno referirnos aquí, específicamente, a la rigidez del sistema presidencial, ya que la doctrina del derecho constitucional y de la ciencia política comparada han advertido que constituye una de las causas que han provocado la caída de las democracias en América Latina.[67] Este conflicto constitucional solo podrá resolverse a través de la intervención del Poder Constituyente, por ello luce necesaria la convocatoria del Poder Constituyente, como una medida absolutamente ineludible para continuar con el proyecto democrático, restablecer la gobernabilidad y garantizar la paz social.

No olvidemos, además, que durante estos años los abusos de poder y los atropellos a los derechos de los ciudadanos no han tenido límites, que la República ha asumido obligaciones contractuales enormes al margen del orden constitucional, que la corrupción y la violación de los derechos fundamentales se han hecho impunes. Todo lo cual exige su consideración por el Poder Constituyente reunido en asamblea, para disponer lo que sea necesario en términos de reparación, sanciones y reconocimientos de situaciones jurídicas, que los actuales poderes constituidos están imposibilitados de apreciar y de resolver.

LA NO VIOLENCIA Y LA CRISIS POLÍTICA

Los intelectuales franceses siempre nos han recordado que «hay que ubicarse del lado bueno de la barricada» (François Mitterrand) y, que «la no violencia tiene su belleza, pero les deja el campo libre a los brutos» (André Maurois). Del otro lado de la Mancha, los ingleses siempre

---

[67]Ver: Trabajos de los profesores Juan Linz y Arturo Valenzuela. Linz, Juan y Valenzuela, Arturo. *Las Crisis del Presidencialismo*. Alianza Universidad. Madrid. 1997.

pragmáticos dicen que «una nube tan oscura no se aclara sin tormenta»; y en Venezuela, la Constitución obliga al pueblo a desconocer «cualquier régimen, legislación o autoridad que contraríe los valores, principios y garantías democráticos o menoscabe los derechos humanos» (Art. 350).

La calle y la protesta son espacios y derechos constitucionales del ciudadano y su legitimidad jurídica es indudable como expresión del derecho fundamental de resistencia a la opresión, pero para lograr la liberación del pueblo venezolano hay que contar con el pueblo y asumir el compromiso de transformar a Venezuela en una democracia parlamentaria, donde se le entregue efectivamente el poder político al pueblo en asamblea. Lo que puede permitir a la sociedad democrática desarrollar un discurso político que lo conecte rápidamente con los sectores populares y el pueblo pobre. Además, hay que tener en cuenta que, en nuestra historia política presidencial, el plebiscitario sistema de la elección directa del presidente ha sido un fetiche de legitimación del poder político donde cualquier cosa puede ocurrir. Y la perorata permanente para fomentar el odio de clases durante años de ejercicio del poder ha funcionado electoralmente y los de abajo han votado mayoritariamente a favor del régimen presidencial autoritario que hoy se rechaza en la calle.

Pero si observamos que la propaganda y el discurso oficial, de manera permanente, se concentra en los pobres y los excluidos, que son manipulados desvergonzadamente con demagógicas promesas, dádivas y esperanzas y se enfocan básicamente en este sector de la sociedad es porque se está deslizando, poco a poco, hacia la oposición democrática. Lo que indica que el mundo de la pobreza y de los excluidos eran y son el segmento social que existe en el chavismo, por increíble que parezca, más sensible y disponible al cambio. Los bolivarianos tienen muy presente que los llaneros de Boves se pasaron al bando de Páez, lo que provocó un giro decisivo en la guerra de independencia, y eso puede ocurrir con el pueblo pobre frente a la estrategia de unidad de la oposición y su dinámica resistencia en la calle.

Hace falta hacer una propuesta política e institucional de fondo y de largo plazo que involucre una clara visión de futuro, y de país para los pobres y los excluidos, que cale muy hondo en las comunidades y en sus espacios colectivos de decisión, como la de transformar a Venezuela en una democracia parlamentaria. Lo que permitirá a la oposición hacer muchas cosas de manera novedosa, como, por ejemplo, desarrollar un contundente discurso de inclusión social y política completamente diferente al oficial, disponer de una renovada visión estratégica e institucional para reinterpretar y tramitar de una manera diferente la sensibilidad profunda y las preferencias políticas del pueblo, redefinir los parámetros del combate político y armar la organización de la actividad proselitista en el mundo popular.

La oposición democrática, hasta ahora, se ha limitado a presentar un formidable proyecto de gobierno de corto y mediano plazo para ser ejecutado en los próximos años, que señala un futuro y un camino hacia el progreso donde se hace énfasis en la gobernabilidad y las buenas políticas públicas, pero que deja en el aire un ambiente político incierto para los sectores más desfavorecidos que no logran entender cómo puede existir el mismo futuro para ricos y pobres, lo que provoca una contradicción a sus ojos entre el camino del progreso y el futuro que no se sabe cuál es, produciéndose un cortocircuito que obstaculiza las buenas intenciones y por ello la ecuación entre el camino, progreso y futuro no ha funcionado como se pensaba en el mundo popular.

Es necesario acompañar la propuesta de la oposición democrática con un proyecto político institucional concreto y de largo aliento, como el de instalar un sistema parlamentario en Venezuela que permita reordenar el sistema democrático en función de sacar a los desposeídos de la exclusión, garantice el rol protagónico de los pobres en la vida pública y asegure su presencia permanente en el poder político. Lo que constituye un valor añadido a las propuestas de la oposición democrática, una oferta para generar confianza en el mundo popular y una ayuda para superar las debilidades de la acción política de la oposición a nivel local. Apuntando a que el sector del chavismo más accesible para la democracia y el más factible de penetrar con una idea de cambio es el de los pobres y los excluidos, ya que, se equivocan quienes creen que este es el sector duro del electorado oficial y al contrario es el más frágil de su apoyo político.

Unidad democrática, resistencia en la calle y una propuesta política, son los perfiles de la nueva etapa de la oposición democrática. A un gobierno autoritario que está incrustado dentro de la sociedad democrática se precisa aislarlo y combatirlo. Se impone un bloqueo. Las energías de la democracia están en pleno desarrollo y en ascenso, mientras que del otro lado se está produciendo el derrumbe de un régimen que solo se mantiene por la fuerza, la arbitrariedad y la amenaza. Su corrosión está avanzada y solo el manejo fraudulento del poder lo mantiene de pie, por lo que, si la oposición democrática debe lanzar una vasta operación de organización que permita constituirse en una acción política de «disuasión» a la francesa, el combate cuerpo a cuerpo, como en el boxeo, debe continuar hasta que el desgaste haga su trabajo y el régimen se derrumbe.

CONCLUSIÓN: RECUPERAR LA DEMOCRACIA

La democracia parlamentaria debe ser el proyecto de unidad y reconciliación nacional y el espacio político para el debate, la confrontación y la discusión. También debe ser la nueva fuente de legitimidad para el ejercicio del poder, donde los hombres y mujeres dedicados a la vida política tengan un nuevo escenario, donde su dinamismo y su voluntad de servicio a Venezuela adquieran la posibilidad de ser realmente aprovechadas y puedan actuar de manera moderna y democrática. Donde se creen las condiciones para que todos los dirigentes políticos venezolanos tengan la oportunidad de participar activamente en la vida pública, a través de las nuevas instituciones.

Y recordar, particularmente, que la democracia parlamentaria ha sido el sistema político que más ha tomado en cuenta a los trabajadores en la historia del movimiento obrero, y el que ha permitido a los sindicatos, partidos y movimientos representativos de los trabajadores llegar al poder y tener una presencia fundamental en la vida y las decisiones del Estado. Sin olvidar, además, que el mejor legado que puede dejarles esta generación a la juventud venezolana es cambiar el actual régimen político presidencial.

La democracia parlamentaria como una visión de futuro para Venezuela está llamada a crear desde hoy mismo un gran impacto en la sociedad venezolana. No nos asombremos cuando se vea como la actividad económica comenzará a recuperarse, pues con esta propuesta se está enviando un mensaje positivo para el futuro que los operadores económicos y los mercados van a captar, lo que creará una dinámica de confianza y seguridad. También verán cómo el mundo popular venezolano, a medida que se desarrolle la discusión pública, se irá adhiriendo a la democracia parlamentaria y dará un respaldo mayoritario al cambio político. En fin, la sociedad toda, en la medida que comprenda los cambios que se proponen, conozca los detalles y entienda el alcance de la transformación institucional, va a sentir una esperanza muy grande y un sentimiento de seguridad y optimismo en el futuro de Venezuela.

Igualmente veremos, también, como este gran cambio político que se avecina, va a permitir que los venezolanos que están viviendo en el exterior regresen a su país, y aquí en esta tierra llena de gracia, podrán vivir y desarrollar todas sus capacidades y llevar una vida honorable y segura.

Venezuela está ante un reto histórico grande, a la altura del que enfrentaron los libertadores de la patria. Venezuela puede transformarse en la primera gran democracia parlamentaria de América Latina, otros países observarán con atención lo que aquí está ocurriendo. Venezuela va a abrir, seguramente, una nueva ruta a la democracia latinoamericana y será un ejemplo de mucha significación. Estamos ante una encrucijada, donde tenemos la oportunidad de hacer algo grande y trascendental para nuestro pueblo y transformar a Venezuela en una gran democracia y en un gran país. Tenemos todas las condiciones necesarias para realizar este cambio político, y cuando se produzca llenará de mucho orgullo y prestigio al pueblo de Venezuela.

Una vez leído este trabajo del doctor Mejía Betancourt la pregunta es obligada: ¿hemos aprendido algo de la crisis venezolana, y de la historia reciente de Europa Occidental, los venezolanos?

No es hora de reformar, sino de reemplazar la actual distribución política y la actual división territorial, sobre la que se efectúa el mezquino reparto del poder.

Los 23 estados, los 335 municipios y los ciudadanos pobres y excluidos frente al agotamiento y muerte estructural y funcional de los modelos centralizados, necesitan:

- El poder político para generar decisiones y controlar a los gobernantes.
- El poder económico (acceso al capital) para generar riqueza.
- El poder educativo e investigativo para generar conocimientos y transformar los 23 estados y los 335 municipios en agentes y actores fundamentales del cambio progresista.

Estos tres poderes, cuya suma constituye el poder a secas, siempre han estado monopolizados por el presidente de la República, mientras que los 23 estados y los 335 municipios carecen de poder y se convierten en convidados de piedra a sus propios destinos.

Los ciudadanos, en muecas tristes que blanden una papeleta electoral en una mano y un carnet político o una carta de recomendación en la otra, no pueden controlar a sus gobernantes ni generar riqueza, ni consumir ni ahorrar. No pueden intervenir con efectos vinculantes en los aspectos políticos, administrativos, judiciales, militares y educativos e investigativos que les conciernen.

No pueden ser agentes del desarrollo socioeconómico y cultural. Se vuelven presas fáciles de pretendidos vengadores de los pobres, anclados en los años sesenta que aún no se dan por enterados de que el Muro de Berlín cayó y arrastró consigo los viejos conceptos de izquierda y derecha; que ya no se definen en función de las románticas variables de antes, sino en términos de alta y baja productividad de bienes, servicios, conocimientos y decisiones. Altos y bajos niveles de vida, y altos y bajos niveles de libertades y controles en manos de los ciudadanos.

El poder constituye el tema nuclear del derecho constitucional, de la ciencia política y de los modelos de Estado, Economía, Educación e Investigación que son en realidad distribuciones territoriales del mismo.

En realidad, el primer y principal derecho humano que garantiza el respeto, acatamiento y materialización de todos los demás, es el derecho de acceso al poder político, económico y educativo constitucionalmente asegurado mediante una distribución y descentralización amplia equitativa del mismo como lo proveen los modelos descentralizados de Estado, Economía, Educación e Investigación.

Las entidades territoriales y la ciudadanía nunca utilizan el poder contra sí mismas, en cambio, cuando el poder político, económico, judicial, militar y educativo se concentra de forma constitucional en la capital de la República y en el presidente de la República, como lo estipulan los modelos centralizados de Estado, Economía, Educación e Investigación, este lo utiliza para violarles los derechos constitucionales a las entidades territoriales y todos los derechos, incluidos los derechos humanos, a toda la población.

La noción de poder implica otras cuatro:

Decisión y lugar o instancia desde el que alguien decide sobre una cuestión determinada; Proceso y flujo; escenario o contexto.

Los modelos de Gobierno, Economía, Justicia, Ejército, Educación e Investigación son escenarios en el que algunas instancias toman decisiones mediante un proceso y dentro de un contexto.

Constituyen espacios de poder y elaboración de resoluciones, espacios de conflictos con todo lo que implica: tensiones y dilemas, ambigüedades y contradicciones en los que confluyen individuos, grupos y procesos que generan comportamientos y tendencias.

En rigor son sistemas normativos porque están constituidos básicamente por normas o reglas de organización y conducta que se distribuyen entre, y rigen en, las entidades geográficas que constituyen el ordenamiento territorial de una nación y ciudadanos que la habitan. Esto configura una distribución territorial del poder político, económico y educativo. Lo cual nos conduce directamente al problema del Estado Nacional.

Estado Nacional en general se define como «un macro ordenamiento jurídico para los fines generales, que ejerce el poder soberano en el territorio asignado a la nación, mediante un conjunto de órganos de decisión: Parlamento, Gobierno, Poderes Públicos y órganos ejecutivos que configuran un aparato burocrático al que están subordinados los habitantes del territorio en cuestión» (Bobbio. 1998).

Para el ejercicio de su autoridad y atribuciones el Estado Nacional se organiza en tres planos o niveles territoriales:

- Uno nacional, en el que actúan autoridades que tienen mando sobre todo el país sin limitaciones de carácter espacial.

- Un plano intermedio, en el que actúan autoridades que tienen mando sobre entidades territoriales denominadas provincias, regiones, estados federados, comunidades autónomas (en España) Lander (en Alemania); estados (23 en Venezuela).

- Un plano local más pequeño (municipios, dependencias, ciudades, y distritos especiales, etc.) donde actúan funcionarios dentro de límites geográficos más pequeños» (Castro J. 2002).

El ordenamiento territorial de tres planos (nivel nacional, entidades subnacionales intermedias y locales) y la distribución del poder entre los mismos lo establece la Constitución Nacional.

Recordemos que el expresidente Chávez tuvo una oportunidad sin precedentes para sustituir los modelos centralizados, sin embargo, ya sabemos que no lo hizo, y por desconocimiento del tema solo centralizo y agravó aún más, los problemas del país. No deberíamos cometer ese error más nunca.

Tomemos conciencia que las Constituciones la redactan los diputados que, con nuestro voto elegimos, por tanto, depende de nuestra elección. Depende de y solo de, los representantes, que como ciudadanos elijamos. De aquí la importancia fundamental de que este documento sea bien redactado, es decir, de hacer «bien hecha la Constituyente que nunca hemos tenido».

Desde el punto de vista de la distribución del poder político, económico, judicial, militar, educativo e investigativo, los Estados

Nacionales se dividen en dos categorías: Centralizados y Descentralizados. **Los Centralizados** concentran en el plano nacional el ejercicio de casi todos los poderes y de casi todos los recursos fiscales y naturales. **Los Descentralizados** otorgan a las entidades subnacionales (intermedias y locales) gran parte del poder político, legislativo, judicial, educativo y de los recursos fiscales y naturales.

Los modelos de Economía, Educación e Investigación son subordenamientos jurídicos constituyentes del Estado Nacional. **El primero** regula la producción y distribución de los bienes de consumo, la propiedad y acceso a los recursos productivos y una institución independiente que fije técnicamente el precio de la moneda. **El segundo**, norma la instrucción y capacitación profesional de los ciudadanos, la producción y transmisión de conocimientos y la defensa, incremento y preservación de la cultura; lo que comúnmente se llama el estado docente.

Los modelos organizativos de Estado, Economía y Educación e Investigación, tienen como función dar respuestas a las demandas de la sociedad civil que es el ámbito donde surgen y se desarrollan conflictos políticos, económicos, sociales, ideológicos, religiosos, culturales, etc. La sociedad civil está conformada las asociaciones en general, corporaciones gremiales, movimientos, ONG, y partidos políticos que se encargan de «seleccionar, agregar y transmitir sus demandas» (Bobbio.1998).

Los modelos descentralizados vencen la pobreza y la devastación porque producen riqueza y conocimiento, combaten la triste y envilecedora condición de parásitos y damnificados a que son reducidos contra su voluntad los ciudadanos por los modelos centralizados. El doctor Arturo Uslar Pietri, lo expresó para Venezuela, así: «todos somos parásitos del petróleo».

Es imposible superar el deterioro y envilecimiento del Estado de Derecho de la democracia representativa y de la crisis: pobreza y exclusión social acumuladas sin descentralizar el poder político, económico, educativo e investigativo hacia los 23 estados, 335 municipios y hacia los ciudadanos.

Pero no en términos de la llamada «profundización de la descentralización» reducida a la pura y simple transferencia de competencias del nivel central hacia los 23 estados y municipios, manteniendo intactos o superficialmente maquillados los modelos centralizados de Estado, Economía, Educación e Investigación.

Este camino reformista *gatopardiano* conduce a más frustración y subdesarrollo, como el cosechado por Venezuela. Conduce a perpetuar la crisis frente a la cual es imperioso tener una visión tan clara, como la que tuvieron los intelectuales y líderes españoles frente a la crisis que les dejó Franco, cuyo advenimiento intuyó Unamuno: «Reina aquí una confusión espantosa; es la bancarrota de la vieja política, pero se está despellejando la serpiente sin que le haya brotado todavía la piel nueva por debajo. Yo no sé qué va a salir de aquí, pero hay que temerlo todo. Me pone de mal humor escribir esto».

Y luego, de manera igualmente brillante, interpretó J. M. Beneyto: «La consecuencia imperiosa, urgente, que el "dolor por España" generará será el sentimiento de que, si no se quiere que España se extinga, es necesario cambiarla. Necesitamos hacer otra España, hacer de ella otra cosa distinta de la que hoy es. ¿Qué cosa? ¿Cuál debe ser esa España hacia la cual orientemos nuestros corazones? La respuesta será la europeización, la refundación de una España moderna y europeizada, tal y como condensara la célebre frase de Ortega: *España es el problema, y Europa, la solución.* Si queremos tener cosechas europeas es menester que nos procuremos simientes y gérmenes europeos».

Podemos decir que Venezuela es el problema, Europa Occidental y España, la solución: un Plan en función de nuestras realidades geográficas, socioeconómicas, administrativas, históricas y culturales. Además de los valores de libertad, autonomía, solidaridad, integridad territorial y corresponsabilidad.

El modelo de EF Centralizado fracasó en la URSS, Cuba, Europa del Este, Corea del Norte, Latinoamérica y en el tercer mundo, incluso China que vive un proceso de transformación extraordinariamente interesantes mediante la política «un país dos sistemas».

¿CUÁNTOS MODELOS DE EF DESCENTRALIZADOS EXISTEN?

Existen dos: el Clásico y el Regional. Ambos son ordenamientos jurídicos que distribuyen de forma constitucional el poder político, legislativo, judicial, educativo, investigativo, y económico (las fuentes de recursos fiscales y la propiedad sobre los recursos naturales), entre las entidades que conforman los tres planos del ordenamiento territorial (nacional, intermedio y local), y les asigna a las entidades territoriales intermedias (regiones, o estados, o departamentos, o provincias) las siguientes funciones:

- Amplias e integrales competencias constitucionales y legislativas políticas, judiciales, administrativas, educativas e investigativas.

- Recursos financieros en función de la anterior distribución de funciones.

- Participación de entes políticos territoriales en una segunda cámara del Parlamento Nacional y en la elaboración de las leyes.

- Cláusulas constitucionales que garanticen que las bases del sistema federal no pueden ser alteradas de manera unilateral ni mediante leyes ordinarias.

- Instancia y procedimiento judicial que resuelva los conflictos que se deriven de la estructura territorial y distribución de poderes y recursos antes mencionada.

Estas cinco características básicas son, según los expertos, la esencia definitoria mínima de un Estado Federal Descentralizado. No existe, por tanto, ni puede existir, una versión de Estado Federal que contenga la amplia variedad de formas en que se presentan los Estados Federales Descentralizados.

No son iguales entre sí el Estado Federal español, norteamericano, austriaco, suizo y noruego.

No hay oposición entre el Estado Federal Regional y el Estado Federal Clásico. En ambos ocurre la repartición territorial del poder del Estado Nacional (funciones políticas, legislativas, judiciales, etc.) y de los recursos fiscales y naturales.

En el EFD Regional, el punto de partida, es un EF Centralizado consolidado que, mediante una nueva constitución, traslada parte de su concentrado poder y recursos fiscales y naturales a las unidades territoriales que lo conforman. La nueva constitución pauta la nueva repartición de poderes y recursos.

El EFD Regional surge de un proceso de redistribución, descentralización y desconcentración del poder hacia las entidades territoriales intermedias y locales de un Estado que ya existe. Este es el caso de Venezuela que tiene 23 estados con sus correspondientes municipios.

En el EFD Clásico, el proceso descrito es inverso: se parte de Estados aislados que existen independientes, los cuales desean constituirse en nación, pero se federan, es decir, ceden parte de sus atribuciones a un Estado Nacional o Central. Los poseedores del poder son los Estados que se federan y que voluntariamente aceptan traspasar a un Estado Central parte de las funciones que les pertenecen.

El EFD Clásico surge por la asociación o agrupación de estados independientes que se integran en una federación. Este es el caso de los Estados Unidos de Norteamérica y de la Unión Europea, que va camino de convertirse en los Estados Unidos de Europa.

En el EFD Clásico hay pluralidad de soberanías: la del Estado Central y la de los Estados federados, en cambio, en el EFD Regional la noción predominante es la de autonomía de las entidades regionales (intermedias: 23 estados en Venezuela y sus municipios constitutivos).

Los Estados federados del EFD Clásico tienen cada uno su propia constitución, en cambio, las regiones se rigen por Estatutos Autonómicos.

En lugar de emplear el concepto de soberanía, es sobre la noción de autonomía que se edifican los poderes que se reconocen a las regiones (entidades territoriales intermedias: 23 estados en Venezuela y sus municipios constitutivos).

La autonomía regional, por vía constitucional y no la simple y mezquina descentralización por ley orgánica (y por lo mismo revocable por vías de hecho y de derecho), es el concepto característico del EFD de regiones autónomas (o entidades territoriales intermedias: 23 estados en Venezuela y sus municipios constitutivos).

Indudablemente que la autonomía regional constitucional es más eficaz y tiene un sentido más hondo y progresista que la simple descentralización administrativa.

LOS ESTATUTOS AUTONÓMICOS

Son las reglas principales de las Regiones (equivalen en teoría a las constituciones de los Estados miembros de las federaciones).

Cada región tiene un Estatuto Autonómico que, de acuerdo con el texto constitucional, determina su forma de gobierno y los principios fundamentales de su organización y funcionamiento. «La facultad de conferirse un ordenamiento propio en el Estado Federal de regiones autónomas es derivada no originaria, por la misma razón, los ordenamientos son secundarios» (Castro.2002).

El EF Descentralizado presidencial-parlamentario o simplemente parlamentario de Regiones Autónomas o Estado Regional, concentra por vía constitucional, en el ámbito regional intermedio (regiones o comunidades autónomas o en el caso de Venezuela, 23 estados y sus municipios) una proporción significativa de sus funciones políticas y de recursos financieros y naturales que antes estaban en poder del presidente de la República del EFC. Esta nueva distribución de poder (competencias) se estampa en los Estatutos Autonómicos de cada Estado que contiene las propuestas institucionales necesarias para operar de una manera autónoma. Nadie de fuera podrá hacerlo mejor que los representantes de cada estado y cada municipio, que conocen bien sus territorios, su cultura, su idiosincrasia, y cuáles son sus necesidades, fortalezas y potenciales de desarrollo (*commodities*).

En otras palabras, los senadores, diputados, alcaldes y representantes de la sociedad civil organizada, además de las personalidades de cada Estado, deben redactar su propio Estatuto Autonómico; el cual será aprobado de acuerdo a la nueva Constitución y garantizará el desarrollo regional dentro de un marco solidario y nacionalista, que debe contener:

Una estructura del gobierno estatal.

Los estados autónomos productivos (EAP).

La autonomía es algo fundamental, ya que es una capacidad para tomar decisiones sin intervención ajena. La autonomía fortalece la cultura para decidir, y el hombre la necesita para crecer. La filosofía le da a la autonomía el poder de decidir, la psicología le da la capacidad.

La geografía política puede otorgar la capacidad de autogobierno y estatus administrativo propio a cualquier estado venezolano. El gobierno central y los gobiernos autónomos son regidos por competencias específicas propias, no necesariamente excluyentes. Pero la cultura autonómica no puede ser centralista. La política tiene que ser libre, una política estática daña porque no deja fluir las ideas, ni permite pensar ni crear pensamientos estratégicos.

Los activos productivos son de los estados, están en su territorio, le pertenecen a la gente del estado tutor. La gente así definida es la dueña del territorio político específico, y el territorio político y todo lo que lo compone, es de la gente. Es a ella a quien le corresponde construir su forma y manera de existencia política, social, y económica. La organización política nacerá así del principio de la autodeterminación, no de los pueblos, sino de su gente. La gente es la vida política.

De manera que los estados auto productivos y autogestionados deberían estar constituidos por un poder ejecutivo encabezado por un gobernador, elegido por la Asamblea Legislativa; Secretarías de Gobierno y funcionarios ejecutivos que pueden ser elegidos y no designados (el secretario de Gobierno, de Educación, infraestructura, fiscal general, contralor y miembros de diversas juntas y comisiones). Los puestos que no se llenan por elección popular suelen ser ocupados por personas que el gobernador designa.

Poder legislativo: encargado de promulgar las leyes, aprobar el presupuesto estatal, confirmar designaciones para otros cargos ejecutivos o judiciales, y supervisar las operaciones del poder ejecutivo.

Poder judicial. El más alto Tribunal de cada Estado es la Corte Suprema o Tribunal de apelaciones estatal. Este tribunal más alto solo tiene jurisdicción sobre apelaciones —revisa las decisiones de tribunales menores— y, a su vez, sus veredictos pueden ser motivo de apelación en la Corte Suprema de la Nación. Define la estructura de los tribunales estatales menores (juzgados por separado para asuntos civiles y penales) y tribunales municipales.

Los gobiernos estatales de los EAP tienen bajo su responsabilidad primordial la provisión de muchos servicios importantes que afectan la vida diaria de los residentes. Algunos de esos aspectos son: organizar el poder Educativo descentralizado: establecer normas de educación y métodos para la creación del subsistema regional de educación y la financiación de la educación pública. Establecer escuelas superiores y universidades patrocinadas por el Estado. Administrar programas de salud, vivienda y nutrición financiados con fondos públicos para ser vendidos en condiciones favorables a residentes de bajos ingresos e incapacitados. Ejercer el comando de la Guardia Nacional del Estado, a menos que esta sea llamada a servicio nacional.

En contraste con la Constitución escrita en términos amplios, los Estatutos Autónomos estatales pueden ser muy detallados y específicos.

Pueden dedicar páginas enteras a describir, por ejemplo, las reglas para la emisión de bonos o para definir la jurisdicción de los diversos tribunales estatales.

¿Por qué son tan detallados los Estatutos Autónomos?

Una razón es que son más fáciles de enmendar que la Constitución nacional. En la mayor parte de los Estados, lo único que se requiere para hacerlo es la aprobación de la mayoría de los votantes en una elección que abarque toda la entidad.

Otra razón es que los Estados, a diferencia del Gobierno Nacional Federal, tienen un amplio margen de libertad para ejercer cualquier facultad que no les esté prohibida. A fin de restringir en forma eficaz los poderes del gobierno estatal, las restricciones se deben explicar de manera expresa en el Estatuto Autónomo.

Los Estatutos Autónomos pueden exigir presupuestos equilibrados, además de especificar las excepciones a esto, como la solicitud de préstamos para financiar transporte u otros proyectos de construcción.

Mediante los Estatutos Autónomos Los EAP tienen facultades para elaborar y hacer cumplir sus leyes, aplicar impuestos y conducir sus asuntos con un amplio margen de libertad con respecto a la intervención del gobierno federal o de otros Estados.

El EF Centralizado venezolano solo transfiere a los ámbitos territoriales intermedios (23 estados y municipios) el ejercicio de algunas de sus funciones políticas y administrativas.

El EF Descentralizado Regional es, entonces la meta, el punto de llegada, al generar el gran debate nacional del proyecto país Venezuela reconciliada, que proponemos partiendo del EF Centralizado consolidado actual que, como ya hemos visto, impera en Venezuela desde hace muchos años.

El Estado Federal de poder descentralizado (EFD) parlamentario de regiones autónomas.

En consecuencia, a lo anterior, «la propuesta» se sintetiza en reemplazar constitucionalmente la actual distribución política y división territorial, sobre los que se ha hecho históricamente el mezquino reparto del poder para alcanzar la democracia, la descentralización, el desarrollo, la reconstrucción, la reunificación y la reconciliación nacional.

Una nueva distribución del poder para constituir un Estado Federal de poder Descentralizado (EFD) parlamentario de regiones autónomas, a través de la discusión y el debate para plasmar un nuevo pacto social, pero esta vez entre gobernantes y gobernados, que nos permita convocar el poder originario y, en una nueva Constitución, constituir el basamento legal para alcanzar la democracia, la descentralización, el desarrollo, la reconstrucción, la reunificación y la reconciliación nacional.

En otras palabras, es redactar una nueva Constitución consustanciada con la experiencia histórica de nuestros doscientos años de existencia; en particular, de los últimos treinta y cinco años. Que contenga un nuevo modelo de EF Descentralizado regional que evite los errores y vicios constitucionales pretéritos. Que sea una barrera al abuso de poder y una manera organizada de descentralizar todo tipo de poder, como un acto de refundación del país, reconociéndole a las regiones, su capacidad de administrar sus propios recursos y tomar en sus manos su destino. Una expresión superior de autonomía y libertad.

RESUMEN DEL CAPÍTULO II

El qué hacer, para corregir la causa estructural de la crisis.

El factor clave de cobertura amplia, radical y definitiva de la crisis posible para obtener una nueva distribución del poder se logra sustituyendo el EF Centralizado presidencial por un EF Descentralizado parlamentario de regiones autónomas.

Una nueva distribución del inmenso y destructivo poder que en la actualidad ostenta el presidente de la República de turno, para repartirlo entre los 23 estados, los 335 municipios, las 1.136 parroquias (que serían nuevos municipios) y la sociedad civil organizada.

Esto nos permitiría, como sociedad, crear un Estado moderno, con modelos de desarrollo evolutivo y una democracia parlamentaria. Que así mismo contraten y usen el saber y el conocimiento para la transformación tecnológica de los recursos a través de ciudadanos, armados de poder político, económico, educativo e investigativo. Que sean capaces de echar a andar la fábrica de ricos dentro de genuinos Estados de Derecho, aplicando la productividad de Taylor, la Gerencia Científica moderna de Deming, el Control de Calidad Total de Feigenbaum; la Administración por Calidad Total de Juran y la Formación Educativa Integral con énfasis en la educación politécnica y capacitación profesional de Simón Rodríguez.

CAPÍTULO III

LA PROPUESTA: UN PROYECTO DE CAMBIO POLÍTICO ESTRUCTURAL E INSTITUCIONAL

PROYECTO PAÍS VENEZUELA RECONCILIADA

El político se convierte en estadista cuando comienza a pensar en las próximas generaciones y no en las próximas elecciones.

Winston Churchill (1874-1965).
Político británico

Los tachirenses proponemos un Estado Federal Descentralizado parlamentario, de regiones integralmente autónomas. Que garantice y blinde una auténtica autonomía regional para que la responsabilidad de proyectar, instalar y ofrecer los servicios, que actualmente, y de manera precaria, trata de ofrecer el presidente de la República de turno. Que sean atribución de los 23 estados y los 335 municipios (1136 parroquias que ascenderían a nuevos municipios autónomos).

Es la manera de aproximar el poder político al ciudadano, estableciendo con rango Constitucional La Autonomía Política Regional

151

(capacidad para regirse por sus propias normas y darse sus Autoridades). La Autarcía (Autosuficiencia económica de una región o municipio para adquirir recursos fiscales y no fiscales necesarios para asumir sus responsabilidades de desarrollo). La Autoría (Responsabilidad directa de entes y funcionarios, conforme a sus correspondientes competencias y, también, control, reconocimiento y sanción por el pueblo e instancias competentes de los resultados, eficacia y eficiencia obtenidos). Todo lo cual apuntan a lograr 23 estados y «municipios fuertes».

Antecedentes

La separación de poderes Ejecutivo, Judicial y Legislativo, sirve a este propósito. Ya estaba presente en la Biblia, en el Gobierno del primer Estado Federal de poder Descentralizado (EFD) monárquico constitucional, que coronó al primer rey judío, Saúl (año 1100 a. C).

La enseñanza fue tomada en cuenta por los padres fundadores de EE. UU., especialmente en Alexander Hamilton y James Madison, quienes afirmaban, debido a que la propensión natural del hombre es hacia el egoísmo, que «Si los hombres fueran ángeles, no sería necesario ningún gobierno. En la elaboración de un gobierno que va a ser administrado por hombres sobre los hombres, la gran dificultad radica en esto: primero, hacer que el gobierno pueda controlar a los gobernados. Segundo, obligarlo a controlarse a sí mismo, al propio gobierno», y estamparon en la Constitución el llamado *checks and balances system* (pesos y contrapesos del sistema), que distribuye el poder equitativamente entre varias personas e instituciones que se controlan y vigilan mutuamente.

La experiencia histórica del tercer mundo enseña que, a pesar de mencionarse en las Constituciones de los EF Centralizados de los países iberoamericanos, la separación de poderes no se cumple. Entre otras razones, influenciado por la gran centralización de poder en el presidente de la República.

La separación de poderes se cumple solo si una nueva Constitución (Pacto Social) dispone explícitamente de la implantación de un EF Descentralizado.

AUTONOMÍAS REGIONALES – DESCENTRALIZACIÓN

a)   ESTADOS AUTOPRODUCTIVOS

La autonomía Regional integral para el Estado autoproductivo y autogestionado se concreta mediante la descentralización y transferencias constitucionales de las atribuciones que hoy detenta el presidente de la República. Mediante Asambleas Constituyentes Regionales que determinarán la organización y el funcionamiento de los servicios y los procedimientos correspondientes.

Regionalización del IVA y el 50 % del impuesto sobre la renta para la Hacienda pública regional y municipal, cuya administración se hará con base a una planificación de inversión, bajo la dirección conjunta entre el gobernador, los alcaldes y una participación, en igual número, de ciudadanos en representación al Parlamento Regional.

Transferencias de competencias

Transferencia constitucional al Estado autónomo productivo y/o al municipio de todas las Tierras (suelo y subsuelo) e Inmuebles en propiedad que en la actualidad son propiedad constitucional del presidente de la república y, por ende, de la elaboración de políticas, planificación, ejecución de obras, manejo de los recursos financieros y humanos, y demás bienes de servicios, etc. en pro del mejor aprovechamiento de las riquezas y potenciales de las regiones y los municipios. Estos estados productivos tienen que organizar la potenciación industrial de sus bondades naturales.

No se trata de improvisar el proceso de descentralización integral. Es preciso planificarla y evaluarla cuidadosamente para que no se repita a escala regional y municipal la nefasta centralización nacional. Es necesario identificar todos los elementos, obstáculos, y las formas de solucionar todos los problemas inherentes a esta magna tarea. Para ello es necesario cambiar a un moderno modelo de sistema político de democracia parlamentaria y que, en base a ella, se forme la organización que pueda gobernar dentro de un marco institucional evolutivo, donde «el hombre va a desarrollar a el hombre» y poder competir en el mundo. Es aprovechar el impulso de la renta petrolera para concebir un pensamiento homogéneo de industrialización nacional, pero cada quien es responsable de su región y el éxito que ella alcance.

No más creación de figuras territoriales centralizadas.

El EF Descentralizado es absolutamente incompatible con leyes como la Ley Habilitante del Ordenamiento y Desarrollo Territorial; según la cual: «El presidente podrá designar "autoridades regionales" para la ordenación del territorio. A través de la nueva Ley se crearían áreas de régimen de administración especial y distritos productivos, los cuales recibirán recursos directamente de la presidencia de la República, en detrimento de las regiones y los municipios». Este es un claro y primitivo autoritarismo en perjuicio de las regiones y los municipios.

Reforzar los Estados y municipios actuales, elevando todas las 1136 parroquias a municipios, previo estudio, para superar los vacíos institucionales.

En una sociedad moderna la división política del territorio tiene que responder a cánones y a estructuras novedosas adaptadas a los tiempos actuales. Un EFD ofrece la oportunidad de reorganizar territorialmente la federación de 23 estados y 335 municipios (subir a municipios las 1316 parroquias existentes). Esta es una tarea de

El Municipio Fuerte

PAIS	ESTADO	MUNICIPIO	HABITANTES
VENEZUELA	TACHIRA	29	1.463.256
	LARA	9	1.556.000
	CARABOBO	14	1.932.000
	BOLIVAR	11	1.306.651
	FALCON	25	747.672
	ZULIA	21	3.209.626
COLOMBIA	ANTIOQUIA	125	5.682.276
	VALLE DEL CAUCA	42	4.161.125
	SANTANDER	87	2.057.789
	BOLIVAR	46	1.878.993
EL SALVADOR		262	5.744.113
HONDURAS		298	7.326.496
GUATEMALA		333	16.755.313

especialistas para lograr una distribución territorial equilibrada de todas las actividades, tanto administrativas como económicas y sociales que establezcan una verdadera justicia distributiva en la ocupación del espacio.

Dependencias federales. Establecer una distribución político territorial de los componentes del Espacio Insular, proponiéndose asignar las islas (dependencias federales) a cada uno de los Estados según su vinculación y cercanía, para lograr una directa y colindante eficiencia administrativa y constituir una supra identidad regional-nacional, sin que esto signifique ningún obstáculo para las decisiones estratégicas de otra índole, que decida el Estado venezolano.

Estados Federales de Poder DESCENTRALIZADO			
PAIS	MUNICIPIOS	SUPERFICIE (Km²)	HABITANTES
FRANCIA	36.460	675.417	65.073.482
ALEMANIA	8.950	357.021	82.911.000
ESPAÑA	8.112	504.645	46.661.950
ITALIA	8.101	301.338	60.067.554
MEXICO	2.500	1.972.550	107.550.697
COLOMBIA	1.120	1.141.748	44.534.000
BELGICA	589	30.510	10.396.000
Venezuela Estado Federal de Poder CENTRALIZADO			
VENEZUELA	335	916.445	28.384.132

Ejemplos de desarrollo municipal en otros países del mundo

b)   EL MUNICIPIO FUERTE

El municipio, entidad universal, propia del orden natural de las cosas y anterior a las normas jurídicas. La ley no lo forma a priori, sino que lo reconoce a posteriori. El municipio surge donde un grupo de personas ocupa un territorio, conforma su gobierno, se da sus leyes y resuelve por sí mismo los problemas que le plantea el diario vivir.

Fortalecer a la entidad municipal, célula del sistema social venezolano. Venezuela necesita más y mejores municipios para fortalecer el sistema democrático y el desarrollo nacional, afianzar el federalismo e impulsar las autonomías regionales y locales. Relativamente, el atraso

socioeconómico e institucional del país, se explica, en mucho, por el subdesarrollo de la institución municipal.

A título de ejemplo graficamos el caso de la ciudad de Caracas, en la que actualmente existen y funcionan apenas cinco municipios y se propone, ahora, una estructura funcional, lógica y moderna de la municipalización para transformar las parroquias, poblacionalmente

grandes y con desarrollo socioeconómicos importantes, en Municipios. En la siguiente Lámina puede observarse dicha propuesta.

La propuesta de la autonomía regional y municipalización del territorio nacional, es la máxima expresión de descentralización del Proyecto País Venezuela Reconciliada, en una búsqueda de la armonización y articulación de la patria.

c) SISTEMA JUDICIAL AUTÓNOMO

Sistema Judicial autónomo, columna vertebral de la democracia, con funcionarios probos para generar absoluta confianza en las instituciones y establecer seguridad jurídica personal y social en los ciudadanos.

Transformación del Poder Judicial

Se propone un cambio radical para acercar al pueblo a la aplicación de la justicia, de tal manera que el Tribunal Supremo de Justicia sea una Institución bajo la dirección de un cuerpo colegiado. Cada uno de sus integrantes debe tener méritos, credenciales, idoneidad y honor; además, no puede pertenecer a ningún partido político.

- Los Consejos de la Magistratura deben fortalecer el sistema de administración de justicia, por lo tanto, deben ser organizaciones eficientes y con elevado nivel de credibilidad.

En la Consulta Popular programada para la consideración del Proyecto País se les preguntará a los ciudadanos si están de acuerdo en que la transformación del Tribunal Supremo de Justicia, la creación del Consejo de la Magistratura y el Poder Judicial, sean administrados y controlados por el Poder Ejecutivo, pero no gobernados por este.

Creación de las cortes de justicia regionales

Se consultará a los venezolanos respecto a la creación de las Cortes de Justicia regionales, de modo que se regionalice el procedimiento para su designación, funciones y atribuciones.

Los Sistemas Regionales de Justicia agilizan la aplicación de la misma y ayuda a combatir vicios, retardos, corruptelas y demás prácticas que la hacen injusta en su aplicación.

Simón Bolívar, en su intervención en el Discurso de Angostura (1819), dijo:

> *Al pedir la estabilidad de los jueces, la creación de jurados y un nuevo código, he pedido al Congreso la garantía de la libertad civil, la más preciosa, la más justa, la más necesaria. En una palabra, la única libertad, pues sin ella las demás son nulas.*

- Designación del fiscal, contralor y defensor del pueblo por votación popular especial. Para la designación de los integrantes del Poder Moral, fiscal general de la República, del contralor general y del defensor del pueblo, así como el contralor regional y defensor del pueblo regional, se hará mediante elección popular especial, directa y secreta...

- Regionalización del Sistema Penitenciario. Nuestro sistema carcelario está sobresaturado y en pésimas condiciones. Los gravísimos problemas que aquejan al sistema penitenciario de Venezuela son de larga data, pero poco o nada se ha hecho para solucionar sus múltiples deficiencias, sino que la situación cada día se ha agravado.

El sistema carcelario del país viola toda clase de normas elementales, que rigen en el mundo civilizado moderno, especialmente, las referidas a derechos humanos.

Modelo descentralizado del poder político y por qué

La dupla EF Centralizado / Democracia representativa de partidos políticos, es la etapa más inferior del desarrollo de un país. Es la que impera en todo el tercer mundo cuyos países son los más atrasados y miserables, desde los más patéticos como Cuba, Haití, Corea del norte; hasta los menos peores como México, Chile y Brasil.

La otra dupla es la del EF Descentralizados / Democracia parlamentaria, de entidades territoriales subnacionales integralmente autónomas, y sociedad civil organizada. Es la que impera en todo el primer mundo. Estos países cuentan con la más adelantada y más alta calidad de vida en la tierra. Es la verdadera, y superior, democracia.

El EF Centralizado se consigna en un pacto particular que se impone a la sociedad por la fuerza o por engaño. Se fundamenta en dos principios políticos esenciales: la centralización de todo tipo de poder en una o en pocas personas, y el servicio de los ciudadanos al Gobierno.

El EF Descentralizado se consigna en un Pacto Social, Acta de Derechos o Constitución Política que redacta la Asamblea Constituyente. Se fundamenta en dos principios cardinales: la descentralización del poder en muchas personas y servicio del Gobierno a los ciudadanos.

Los EF Centralizados y EF Descentralizados han cambiado ligeramente de forma desde que fueron creados, pero conservan sus características sustanciales.

Todas las luchas políticas son confrontaciones entre los amantes del EFC y los partidarios del EF Descentralizado.

La crisis actual en Venezuela se debe a la obsolescencia irreversible del EF Centralizado socialdemócrata de la IV República que mutó a EF Centralizado neocomunista de la V República. Ambas versiones son incompetentes para satisfacer las exigencias del desarrollo del país.

El pueblo venezolano ha sido engañado, una y otra vez, con un sencillo truco: se escribe en la Constitución el federalismo de poder descentralizado, pero el articulado subsiguiente lo contradice.

Las Constituciones de 1961 y 1999 contienen ese tipo de engaño. La de 1999 dice en su Preámbulo que: «El pueblo de Venezuela, en ejercicio de sus poderes creadores e invocando la protección de Dios, el ejemplo histórico de nuestro Libertador Simón Bolívar y el heroísmo y sacrificio de nuestros antepasados aborígenes y de los precursores y forjadores de una patria libre y soberana; con el fin supremo de refundar la República para establecer una sociedad democrática, participativa y protagónica, multiétnica y pluricultural en un Estado de justicia, Federal y descentralizado».

Artículo 4.° dice: «La República Bolivariana de Venezuela es un Estado Federal descentralizado en los términos consagrados en esta Constitución, y se rige por los principios de integridad territorial, cooperación, solidaridad, concurrencia y corresponsabilidad». Artículo 6.° «El gobierno es y será siempre democrático, participativo, electivo, descentralizado, alternativo». Y en el artículo 158.° «La descentralización como Política nacional, debe profundizar la democracia acercando el poder a la población».

Todo muy bonito, pero la Constitución en su art. 336 y sus 24 ordinales le confiere al presidente de la República de turno atribuciones de rey.

El artículo 164.11 limita las competencias de los 23 estados en materia de impuestos. Le asigna competencia exclusiva a los Estados en materia de «La organización, recaudación, control y administración de los recursos tributarios propios, según las disposiciones de las leyes nacionales y estadales».

La Constitución no prevé «recursos tributarios propios» para los Estados, entre los cuales solo está, el producto de la venta de papel sellado y estampillas.

Para otros impuestos dependen totalmente de una ley nacional que asigna a los Estados impuestos, tasas y contribuciones especiales «para promover el desarrollo de las Haciendas públicas estadales» (Art. 167,5), que nunca se discute.

Es inaceptable que algo tan importante como que los Estados y municipios asuman su plena autonomía fiscal, se sugiera, pero al mismo tiempo se niegue en la práctica o se remita a una ley que jamás se promulga.

Análogo trato reciben la salud, la educación, la generación de empleo, el financiamiento para asuntos socioeconómicos, el ambiente y el aprovechamiento y conservación de los recursos naturales. También el mantenimiento de las carreteras y autopistas, los puertos y aeropuertos, que fueron recentralizados por Ejecutivo Central y están en manos del presidente de la Republica que, cual Superman, no solo recoge todos los impuestos, sino que comanda el ejército, es dueño de PDVSA, de la educación, tierras cultivables y urbanizables, principales empresas, BCV, precio de la moneda y vida y milagros de los 23 estados y los 335 municipios.

Eso no fue lo que dispuso Dios para organizar y gobernar las naciones. Ese EFC es satánico, babilónico, inferior; por eso solo trae miseria y destrucción.

En el Capítulo II del Título 4, artículo 156, la Constitución le asigna al poder público nacional, treinta y tres (33) atribuciones que abarcan todas las funciones fundamentales para el desarrollo de una región y su pueblo. De ahí la lamentable incapacidad e ineficacia del EF Centralizado actual en la resolución de los problemas más sencillos de las comunidades, a pesar de tener la supuesta «mejor Constitución del mundo». «Se puede gobernar de lejos, pero hay que administrar de cerca».

Un Gobierno nacional lejano no se preocupa, ni puede ocuparse totalmente de resolver los innumerables problemas de las regiones. Un ejemplo importante para los tachirenses, es la demorada construcción de la autopista de San Cristóbal-San Antonio-Cúcuta. En Caracas nunca se han preocupado por esta vía que comunica las dos fronteras terrestres más importantes de América Latina. Seguimos transitando por la misma carretera rural que se construyó, a pico y pala, hace noventa y cinco años, durante la dictadura de Juan Vicente Gómez. Así es, patéticamente cierto, aquel viejo adagio: «Las goteras de la casa solo las puede ver, sentir y arreglar el que vive en la misma casa».

El EF Centralizado es la perpetuación de la minoría de edad de los 23 estados y los 335 municipios, que no se justifica ahora que poseen educación, universidades, infraestructura, talento y empresariados suficientes para asumir las riendas integrales de su desarrollo.

El EF Centralizado se justificó y funcionó con altibajos hasta 1980, mientras los 23 estados y 335 municipios eran muchachos, pero ya no lo son; crecieron, se desarrollaron y reclaman con justicia que les confieran la mayoría de edad. Que les «alarguen los pantalones» y les encarguen la administración de todos sus recursos, es decir de sus propias vidas y desarrollos.

El EF Centralizado es un perverso y podrido yugo que impide a un pueblo, que nació en el millón de kilómetros cuadrados más inimaginablemente dotados de riquezas naturales del planeta, usarlos para resolver las exigencias de sus destinos.

EL PODER ECONÓMICO

Modelo descentralizado de economía y por qué

Resulta exasperante tomarle el pulso a la historia venezolana y constatar que estamos atrapados en una red mitológica, la cual no nos deja ver las cosas en su cruda esencia. El elemento central de esa red es el petróleo. Desde 1914 giramos alrededor de su eje y no encontramos cómo deshacernos de su influjo.

Alrededor del oro negro ha girado todo el sistema nacional, para bien y para mal. Las fluctuaciones del signo monetario que vienen ocurriendo en Venezuela a partir del *viernes negro* (1983), han sido motivadas por el precio del petróleo. Las devaluaciones, los controles de cambio, la inflación, la recesión y demás padecimientos de la economía están indisolublemente asociadas al oro negro.

Todos los gobiernos, desde la dictadura de Juan Vicente Gómez hasta de hoy, han estado signados por el precio del crudo. La política de sustitución de importaciones que fue desarrollada por dictadores militares y demócratas por igual, estuvo sustentada en el ingreso de divisas provenientes.

Todos los sueños populistas y demagógicos del siglo XX, y los delirios de la actualidad, han estado insuflados por el chorro de petróleo que brota de los yacimientos. Tanto Betancourt como Uslar Pietri hicieron del petróleo el centro de sus trabajos intelectuales referidos a la realidad nacional.

Pero con todo y la importancia que tirios y troyanos le reconocen al oro negro como protagonista de nuestra realidad, lo cierto es que los venezolanos no hemos podido resolver nuestra relación con él.

Y una nueva prueba viene a sumarse: El fracaso de la política económica en que han incurrido los EF Centralizados que hasta ahora nos han administrado.

La estrategia económica del Gobierno ha estado fundamentada en alcanzar precios altos del petróleo para sostener un estado de cosas que solo se sostiene con precios altos del crudo. Y esto, que parece un trabalenguas, se traduce en que cuando caen los precios del crudo, pues vuelta a lo mismo de siempre: devaluación o control de cambios.

El dilema central de Venezuela está en cómo dejar de ser una economía petrolera sin dejar de extraer petróleo. Dicho de otra manera: ¿cómo propiciar el desarrollo de una economía diversificada, cuando todo tiende a fortalecer una economía monoproductora?

Los modelos de Economía son decisivos, ya que de sus estructuras y funcionamiento depende la producción y distribución de los bienes de consumo, la fuente de las finanzas públicas, quién y cómo se las administra y distribuye, cómo se adjudica la propiedad y el acceso a los recursos productivos.

Los modelos de Economía se clasifican según dos criterios básicos: la propiedad de los recursos y la forma de asignarlos.

La clasificación basada en la propiedad se aplica tanto al capital como al trabajo. Distingue entre modelos en los cuales la propiedad es individual, grupal o colectiva. Si la propiedad del capital es estatal, se habla de «socialismo», si es privada, de «capitalismo».

La clasificación basada en la forma de asignar recursos diferencia entre sistemas capitalistas centralizados y descentralizados. En los primeros prevalece la asignación jerárquica. En los segundos prevalecen los mecanismos de mercado, lo cual comienza por la existencia de un sólido mercado de capitales.

En los modelos económicos centralizados estadales de «planificación central» o regulados, se restringe por vías de hecho o de derecho, o por ambos, el libre desenvolvimiento de las actividades económicas. El Estado lo es y controla todo: el mercado de capitales y de bienes y servicios, la responsabilidad civil ligada con la actividad económica y el precio de la moneda. Así ocurre en Venezuela y, en diferentes grados letales, en el resto de países latinoamericanos desde México hasta la Argentina.

Los elementos que caracterizan el modelo de economía capitalista descentralizado, privado, multivalente, poliproductor y de libre mercado son los siguientes:

- Define derechos de propiedad (sobre activos tangibles e intangibles), y criterios para transferirlos o para crear derechos personales basados directa o indirectamente en tales derechos de propiedad (derecho contractual).

- Establece criterios respecto de quiénes son los oferentes de los bienes o servicios que se comercian en una sociedad y, qué deben hacer los demandantes para obtener dichos bienes o servicios, posibilitando la transferencia de los recursos desde usos menos valorados a usos más valorados; además de la creación de riqueza a través de la transformación de dichos recursos.

- Posee reglas generales dentro de las cuales los agentes privados pueden operar los mecanismos descentralizados de la economía.

- Organiza dos instituciones básicas: el mercado y la responsabilidad civil de los agentes económicos.

- Establece normas de indemnización cuando se han vulnerado ciertos derechos subjetivos de difícil o imposible transferencia.

El modelo de economía dentro del cual se desarrollan las actividades económicas y el grado de libertad de las mismas lo determina la Constitución y las leyes. Hay Constituciones «capitalistas descentralizadas» y Constituciones «capitalistas centralizadas». A esta última categoría pertenece la Constitución de 1999 y la de 1961. Gracias a ellas tenemos un capitalismo privado minúsculo, débil, súper regulado, y un capitalismo estadal grande, fuerte y atropellador.

En la economía moderna las empresas valen por lo que producen. De allí que el índice más importante, al momento de analizar una inversión, es el que relaciona el precio con las utilidades. En el mercado internacional es frecuente encontrar empresas cuya relación entre el precio y los beneficios se sitúa entre doce y veinte veces.

En el capitalismo estadal venezolano todos los agentes de la economía tienen que bailar al son que toque el Estado empresario, es decir, el presidente (de turno) de la República. Este recibe, todos los dólares del petróleo, la recaudación fiscal y los empréstitos internos y externos y los emplea a discreción. Reparte dádivas a gusto y mantiene «manos arriba» al aparato productivo privado, al resto de los operadores de la economía y a quien califique de «enemigo u opuesto a su proceso». El resultado neto es que tenemos un mega generador de pobreza, desigualdad, malversación y corrupción.

En Venezuela se habla de que tenemos capitalismo privado, pero la propiedad estatal de PDVSA, y de los yacimientos minerales del subsuelo, configura un modelo capitalista estadal y centralizado, que en esencia es un modelo socialista, dentro del cual ocurren hechos como este: «El Directorio del BCV autorizó a mediados de febrero del 2004, a la Junta Directiva de PDVSA para que dejara de transferir parte de sus ingresos al BVC con el fin de acumular en un fondo especial de desarrollo hasta 2 millardos de dólares» (El Nacional, 8-06-04. p. A17).

La Constitución y ley del BCV exigen a PDVSA venderle al BCV todos los dólares de sus ingresos petroleros para calcular el Situado Constitucional que tiene previsto entregar a las gobernaciones de estado y municipios de acuerdo. Se afecta también los ingresos que deben recibir las regiones a través de la Ley de Asignaciones Económicas especiales.

La tenencia masiva de dólares, por parte del Estado, les permite a los presidentes de la República de turno, dentro del aparente «libre ejercicio» del capitalismo, mediatizar el débil mercado de capitales; jugar con el precio de la moneda y someter el sector capitalista privado, que es muy pequeño respecto al oficial, a las más perversas presiones. Esto determina una curva ascendente de pobreza, miseria y corrupción, caída de todos los índices de desarrollo a la par que crecen continuamente las ganancias provenientes del petróleo.

Los analistas no relacionan el carácter y desempeño del modelo económico con la malversación, corrupción y despilfarro que origina.

Prefieren hablar de la incapacidad de los gobernantes, ignoran o exculpan los modelos centralizados de Economía, Estado, Educación e Investigación, a los cuales tratan como si fueran perfectos. No sugieren sustituirlos por modelos descentralizados alternos y efectivos.

La propiedad estadal de PDVSA es el gran fetiche, la inmensa vaca sagrada. No se asoma la posibilidad de implementar:

a) Un modelo de capitalismo privado y de libre mercado partiendo de la desestatización de PDVSA, constituido por un sector privado endógeno muy grande, dominante y multiproductor.

b) Un sector transnacional mínimo necesario.

c) Un BCV realmente independiente que respete la Constitución y las leyes. Que fije, de manera técnica, el valor justo de la moneda y no opere como mega caja del presidente de turno de la República.

Según el informe (2003) elaborado con los resultados del 2001, del Fraser Institute de Canadá y el Cato Institute de Washington, Venezuela ocupa el lugar 103 en el ranking de libertad económica mundial entre123 países.

El área de peor desempeño del país es la estructura jurídica y la seguridad de los derechos de propiedad donde figura en el último lugar. En política monetaria y acceso a la moneda sana, ocupa el lugar 111; en regulación financiera, laboral y empresarial, se ubica en el puesto 99; en barreras al comercio internacional, el lugar 99.

Los primeros lugares correspondieron a Hong Kong, Singapur, EE. UU. Nueva Zelanda y el Reino Unido. Como en otras versiones anteriores, los países que presentan mejores niveles de bienestar social, productividad y generación de riqueza son aquellos que poseen mayor grado de libertad económica (El Nacional, 24-07-03. p. B/2).

El sacerdote, Robert Sirico, presidente del *Lord Acton Institute,* manifestó «que la gente debe tener la libertad de actuar conforme a sus propios intereses económicos (...) Es mejor permitir a la gente utilizar su propia inteligencia, su propia sabiduría para ser productivos y producir las cosas que otra gente podría necesitar, sin que nadie lo planifique centralizadamente».

En América Latina si algo nos enseña que la economía centralizada no funciona es la historia de este continente. Las instituciones de la economía libre no han sido probadas realmente, pues lo que se tiene aquí son formas variadas de mercantilismo.

La principal industria de Venezuela, por ejemplo, es propiedad del Estado ¿cómo puede ser eso libre mercado?

¿No sería mejor que los venezolanos tuvieran acciones en la industria petrolera en vez de que los dueños fueran políticos y burócratas? (...) «Venezuela está al borde del precipicio para convertirse en el tipo de economía en la que también hay un estancamiento de la libertad humana» (El Nacional, 20 de junio de 2004. P. A22).

El modelo económico centralizado se repite de México a Argentina con jefes de Estado que también son jefes de Gobierno, jefes del resto de poderes, mega empresarios inmensamente poderosos; es decir, dueños virtuales. Amos políticos de las principales empresas: PEMEX, en México. Petrobras, en Brasil. PDVSA, en Venezuela.

Petroecuador. Petróleos Cuba. Ecopetrol, en Colombia. YPF – Yacimientos Petrolíferos Fiscales– en Argentina, y así sucesivamente.

Cuando estos presidentes asumen el cargo no deberían imponerles bandas tejidas con hilos y colores de las banderas nacionales, sino confeccionadas con facsímiles holográficos de las acciones de las empresas estadales. Lo que están asumiendo, más que la presidencia de la República es la presidencia de empresas inmensamente ricas que deberían pertenecer a los ciudadanos inmensamente pobres, débiles y hambrientos.

LA DESESTATIZACIÓN DE PDVSA

Para destruir la base de la corrupción del Estado empresario es preciso desestatizar todas las empresas públicas, excepto las que por su naturaleza pertenezcan al Estado; comenzando por PDVSA.

La generación de riqueza es una de las principales virtudes de los modelos descentralizados de economías capitalistas, privadas y de libre mercado.

El punto de partida es el establecimiento de un mercado de capitales que sea capaz de impulsar el desarrollo capitalista privado.

Una manera de potenciar el mercado de capitales la sugirió el arquitecto Francisco Monaldi (en 1999), en *La descentralización del ingreso petrolero. PDVSA como palanca financiera: para el desarrollo del mercado de capitales diversificar la producción más allá del área petrolera.*

Existen varias maneras de desestatizar PDVSA y el resto de empresas que ahora son propiedad del presidente de la República de turno. Una consiste en vender un 60% de las acciones de todas las empresas públicas mediante una ley especialmente concebida para tal fin.

Cuando la Asamblea de accionistas de PDVSA esté mayoritariamente constituida por venezolanos, se destruirá la base de propiedad que ha permitido al presidente de la República de turno, designarle los miembros de la asamblea de accionistas (los tres ministros de Minas, Finanzas y Cordiplán) y los integrantes de su Junta Directiva. Estos, en cumplimiento de las órdenes del presidente de la República que los designó, proceden con absoluta sumisión: no privilegian la meritocracia, conducen la empresa como un mega conuco petrolero dominado por el caos, la improvisación y la corrupción. Cesantean 20.000 de sus empleados, borran de un plumazo al Instituto de Tecnología Venezolana para el Petróleo (INTEVEP), y al Centro Internacional de Educación y Desarrollo, filiales de PDVSA (CIED). Regalan petróleo a Cuba o se lo venden a precios por debajo del precio internacional, que luego revende con altas ganancias. Asignan por 35 años, de manera clandestina, a las transnacionales la mayor parte de los bloques de la plataforma gasífera deltana. anuncia la intención de vender en Hong Kong acciones de PDVSA, pero no a los venezolanos, sino a los capitalistas chinos, entre otras barbaridades absolutamente injustificables.

La desestatización de PDVSA permitiría a los 23 estados autónomos y a sus municipios, también autónomos (Fondos Privados de pensiones, miembros de Gremios, Sindicatos, Cajas de Ahorros, midi, mini y microcapitalistas y ciudadanos criollos) directa o indirectamente financiar y / o desarrollar empresas, a la vez, con el sector privado, público, educativo e investigativo superior, para producir gradualmente bajo normas ISO, los equipos e insumos consumibles que en la actualidad se compran en el extranjero, para ir sustituyéndolos de manera continua. En general, como dice Ronald Pantin: «producir desde salchichas hasta automóviles», sin reeditar los errores que hicieron fracasar los intentos de industrialización del pasado.

Con estas fuentes de recursos financieros provenientes de la desestatización de PDVSA, más los provenientes de la recaudación fiscal y la propiedad sobre los recursos naturales, cada uno de los 23 estados integralmente autónomos y sus municipios autónomos podrán acometer sus propios desarrollos enmarcado dentro de la Constitución. De esta forma ejecutar las transformaciones de sus *commodities* (industrializar las materias primas en el sitio de origen) fundados legalmente en las políticas nacionales, regionales y municipales.

Si entendemos que son los Estados los depositarios de las riquezas productivas de la nación, las cuales hoy son reglamentadas por el «poder central colonial» (porque así lo estipulan las 25 constituciones que hemos tenido), y si los habitantes de las diferentes regiones de Venezuela logramos hacer este cambio estructural, estos nuevos Estados autónomos y auto gestionados serían la esfinge del principio de la autodeterminación de los llamados «pueblos», el país se situaría así en un verdadero círculo virtuoso, manejado por grupos de pensamiento evolutivo.

Ya es hora de abolir la disposición del rey español Carlos III, según la cual el jefe del Estado Nacional es propietario del subsuelo. Esta cuestión le convino durante los 300 años de la dominación española para asegurar ratificar la propiedad de los yacimientos de oro y plata que poseían las colonias latinoamericanas.

Luego de la independencia los caudillos militares mantuvieron la disposición del rey Carlos III que siguió hasta el presente.

LA PROPUESTA PARA PETRÓLEOS DE VENEZUELA (PDVSA)

Empresa de propiedad social

La Nación, generadora de riquezas, la mayor parte de origen en las entrañas de subsuelo como el petróleo, el hierro, el oro… ha servido para que se enriquezca a una minoría, sin que la mayoría se haya beneficiado. Este desbarajuste, desorden administrativo, ha llevado a una quiebra institucional, ya abordado en los puntos anteriores.

Se propone la transformación de PDVSA en una empresa de propiedad social indirecta, que ratifique que la propiedad social pertenece al pueblo y a las futuras generaciones en su conjunto (no a dueños privados, tampoco al Estado, en forma directa). PDVSA será así propiedad de cada venezolano para que tenga un derecho intransferible y, como tal, reciba en forma igualitaria los dividendos que le pertenecen. Estos dividendos oficialmente le garantizan a cada venezolano un seguro de salud y asistencia para su bienestar social de por vida, especialmente, en los factores de vivienda, salud y educación. Esta última, pensando desde los inicios del preescolar, etapa supremamente importante para sembrar las raíces de un futuro buen ciudadano.

Esta idea no es novedosa, otros países, como Noruega, la han venido practicando desde hace años. Los resultados saltan a la vista con un desarrollo social de los más elevados del planeta. Con esta idea nos identificamos con una máxima popular que dice: «los ejemplos buenos hay que adecuarlos y aplicarlos».

Al articular este sistema de seguro con instituciones públicas y privadas, que tienen funciones de prestación de estos servicios y financiamiento, se promoverá la realización de convenios, tanto del sector público como del sector privado, con el objeto de aprovechar y optimizar la utilización de los recursos humanos y tecnológicos existentes para optimizar el seguro. Diseñar planes de fideicomiso de beneficios laborales de carácter privado y especializado, opcional o complementario al de carácter público, que permitan el ahorro progresivo de las familias, como elemento adicional al sistema de pensiones.

LAS *COMMODITIES* VENEZOLANAS, ¿QUÉ HACER CON ELLAS?

En este siglo se están viendo rápidos cambios, desde que el *Homo sapiens* se conoce, y los venezolanos seguimos siendo los grandes suplidores de materias primas del mundo *commodities* del sector primario).

El mundo, hoy día independiente de las caducas ideologías que no sirven para nada, sino para engañar pendejos, es un núcleo de compra y venta de productos que mejoran la calidad de vida. ¿Qué produces como país que otra nación necesite y no pueda producirlo porque no tiene la materia prima o la tecnología, o los recursos, para transformarla?

En los foros mundiales existe inquietud por las conductas políticas y económicas enfrentadas de varias naciones. Estados Unidos y Rusia tratan al mundo como aliados. China trata al mundo como de pueblos suplidores-clientes; es decir, si no hay negocio no hay interés en una relación. Europa trata al mundo como cliente. En todos prevalece el interés por la compra-venta comercial.

Y Venezuela no es aliada ni cliente de nadie, es «la tonta útil» del mundo. Mientras el mundo se «aprovecha de ella», China cumple su rol y nos llena de cachivaches a cambio de energía, profundizando nuestro atraso industrial. EE. UU. compra nuestros *commodities* principal y nos lo «devuelve» como productos terminados, o sencillamente nos suplen las partes y acá las *ensamblamos*. Venezuela se ha convertido en un país ensamblador, a eso nos han acostumbrado, a exportar petróleo crudo y, con los dólares del resultado de la venta del crudo, o sea, con la renta petrolera, importamos todo lo que necesitamos. Venezuela no es un país industrializador, sino ensamblador.

Nuestros puertos y aeropuertos fueron diseñados para recibir importaciones de todos los productos industrializados del mundo; los venezolanos no producimos absolutamente nada. No tenemos la cultura de trasformar las materias primas, que las tenemos a montón, solo las exportamos. En el exterior las industrializan y nosotros «las compramos» ya terminadas, completas o por partes, y acá las ensamblamos.

Y nos preguntamos ¿quién se beneficia? La respuesta es dolorosa. Se benefician solo los empresarios del exterior, que son los que están creando renta; es decir, están generando riqueza en sus países, y el pequeño grupo que maneja los hilos del poder, que son a los que autorizamos constitucionalmente para que ejerzan esa función.

¿Cómo funciona? Simple: vendemos petróleo, los ingresos de esta renta son en dólares y los recibe PDVSA que, a su vez, los deposita en el Banco Central de Venezuela (BCV). Allí les dan la orden de asignarlos de acuerdo a las políticas del Estado, a los designados para que, con esos mismos dólares, importemos lo que necesita la nación, que es todo, porque acá ya sabemos que no producimos nada.

Ahora bien, ¿quién nombra al directorio de PDVSA, del BCV, de CADIVI? Quién autoriza las importaciones, y que es lo qué se va importar? Respuesta: el presidente constitucional de la republica imperial de Venezuela, es decir, el centralismo y su democracia centralista, plasmada en la constitución.

Los países que usan el sistema de ensamblaje de productos, porque los gobiernos «no la enseñaron a producir», como es el caso de Venezuela, cometen el crimen más grande que le pueden hacer al futuro de una sociedad. Por regla general, el que ensambla lo hace con productos de una marca extranjera patentada, a un costo elevado. No tiene acceso al diseño original, por tanto, debe pagar un royalty y no tiene un valor agregado. En el caso nuestro se hace difícil exportar tales productos ensamblados, por el peso que tienen, y pertenecer a una patente ajena, por ende, ese producto no genera una renta externa. Es este el sistema que embrutece el futuro. Se gastan las divisas provenientes de la renta del petróleo en dichos productos importados, que solo dan el pago del mísero impuesto sobre la renta, además de lo que absorben en el pago de la mano de obra, de tal forma que la renta se queda, entonces, en el extranjero generando riqueza ... afuera de Venezuela.

Escrito de otra manera, la nación exporta:

- La materia prima principal que es el petróleo.
- Otras materias primas como el hierro, acero, bauxita, coltán, polonio, wolframio, iridio, protactinio, ferrocolombita, leptidos, y un largo etc. Estas *commodities* están repartidas a todo lo largo y ancho de las provincias de nuestro prolífico país.

A estas materias primas» no les damos la importancia que tienen, por ejemplo, ¿sabía usted que la industria naval es la gran consumidora de productos como el acero? ¿Que los tractores, y los demás instrumentos operativos usados para el agro, son productos férreos? ¿Sabía usted que lo que nos sobra es hierro y Puerto Ayacucho debería ser el centro de la producción electrónica en el mundo? Tenemos tántalo, titanio, tantalita, torio, cromita, colomita, germano, selenio, niobio, coltán, polonio, wolframio, iridio, protactinio, ferrocolombita, leptidos, silicatos, cerámica, y carburo de tántalo. Estos «minerales raros» sobran en nuestro país. Son los más apetecidos por el mundo electrónico para la fabricación de computadoras, tablet, celulares, televisores, equipos de sonido y comunicaciones, etc.

De la petroquímica no hay nada que comentar. De la química orgánica e inorgánica nacen hoy día más de trescientas mil empresas. Un barril de un hidrocarburo, como el petróleo, trabajado con nuevas tecnologías de proceso, es un derivado de tercera generación, y se cotiza en el mercado mundial en una relación por barril de 20 a 1 o de 50 a 1. ¿Explicación? El mundo actual es sintético, pero la petroquímica nuestra —manejada por la caduca democracia presidencialista— o centralismo, no pasa de *ser* un cachimbo industrial.

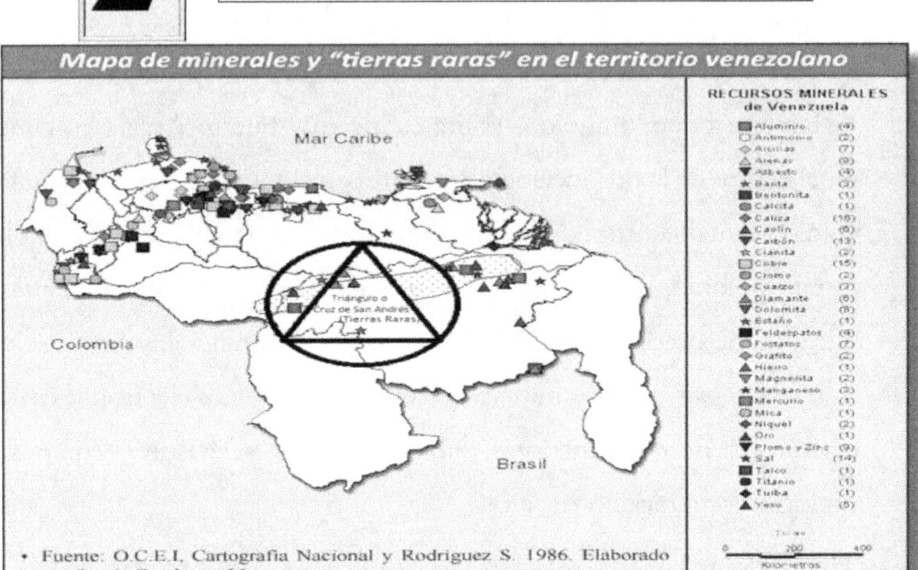

Existen unos productos que se llaman grafito, carburo de silicio, tungsteno, diamante artificial, etc. ¿Sabían ustedes que Venezuela podría ser una de las diez naciones del mundo fabricantes de estos productos?

Las carretillas, ¿carretillas? Sí, carretillas. Hay más de veinte modelos y podríamos ser líderes en su producción y exportación a los mercados mundiales, pero las traemos importadas. No contamos con industriales que sepan qué es un esmeril, una calibradora, o una esmeriladora trenzada. Los cascos, las caretas, los lentes, todos los productos protectores del trabajo. ¿Las cavadoras? ¿El material de soldadura? Tenemos de hierro, de acero, de bauxita para envidia del mundo, pero traemos la soldadura importada, los cepillos todo el equipo de los carpinteros y los multiproductos de cerrajería. ¿Los candados? Sí, los candados también son importados, existen en el mercado más de doscientos modelos diferentes de candados, no entendemos por qué no los fabricamos, por qué los traemos importados. ¿Las cerraduras? Hay ferreteros que van a China y las fabrican allá, estampándole el cuño de hecho en Venezuela porque no encuentran como producirlas en el país.

Las cintas para empaques, la fibra de vidrio en sus múltiples presentaciones, los compresores, los interruptores eléctricos. Todos los abrasivos se podrían integrar en nuestra economía con factibilidad y ser productos de exportación. Creo que el punto quedo claro y lo resumimos de la siguiente manera: si hiciésemos un concurso al mejor productor criollo de estos y otros muchos bienes, casi seguro que el premio queda vacante porque todo es importado.

Venezuela es el único país del mundo que premia la ineficiencia, el consumo ineficaz, la dependencia, el subdesarrollo integral, y las importaciones improductivas. Al no contar con empresas transnacionales productivas, Venezuela pierde el objetivo del beneficio y la expansión industrial.

Qué lejos hemos estado del desarrollo, no lo entendemos porque no tuvimos *un siglo de las luces,* como otros países que, con el conocimiento y el mercado aprendieron a pensar y a crear renta; con ello aumentaron el poder adquisitivo y, por ende, la calidad de vida.

Todo se lo llevó la revolución industrial, la llegada del hombre como símbolo individual, y el hombre colectivo de la empresa, así como el nacimiento del hombre libre y democrático que puso las ciencias nobles en función del desarrollo. La empresa es la unidad generadora de riqueza, empleo, innovación, expansión. Las empresas mueren y sobre ellas nacen otras, sobre la expansión del pensamiento.

Venezuela aún no ha vivido estos procesos. Un país sin empresas no puede competir, crecer, y mantenerse en el tiempo. En el mundo económico no existe el Estado. Las bolsas de Tokio, Wall Street, Londres, Fráncfort, Milán, Madrid, Shanghái, etc. funcionan como empresas, son el hombre colectivo productivo y competitivo. Ahí no existe el Estado, o sea, el Estado aporta poco al progreso, solo debería impulsar a sus empresarios, apoyarlos y dejarlos que les crezcan los pantalones en el mundo real de la competencia internacional y la calidad.

Por eso necesitamos industrializar el país con las materias primas, que las tenemos. Suplir al país y exportar excedentes para generar renta externa diferente a la petrolera; allí radica uno de los problemas graves del país, no tenemos marcas ni patentes propias para exportar. ¿Con que marcas, vamos a realizar tratados de libre comercio con otros países, sino producimos nada? Ahora entienden ¿por qué nos oponemos a los tratados de libre comercio (TLC)?

Porque nos da vergüenza que teniendo los ingresos que hemos tenido, que nos hubiese permitido sembrarlos en la industrialización del país, nos dedicamos a regalar. antes En la IV república eran latas de zinc y pacas de cemento, ahora en la V república, canaimitas (minilaptops), ensambladas en Venezuela, como los espejitos que regalaban los conquistadores a los indios, pero ahora solo es para mantener en el poder a una cuerda de holgazanes, que lo único que han hecho es medrar de la renta petrolera sin haber hecho «la siembra» que todos los venezolanos aspiramos; metáfora que inmortalizó Uslar Pietri en la famosa frase de Alberto Adriani: *Sembrar el petróleo.*

Cuando Venezuela tenga, al menos, cien empresas compitiendo en el mercado mundial, podremos decir ¡el país cambio! Para que eso pase, estas industrias deben ser manejadas dentro de un nuevo país, y por los respectivos Estados autónomos autoproductivos y autogestionados, dotados de los recursos humanos que le permitan competir en el contexto nacional e internacional.

LA EMPRESA

La empresa es donde se conceptúa, se innova, se evoluciona, se compite, se crea empleo eficiente y se genera renta, por tanto, es la base de la sociedad moderna. Es la generadora natural de pequeñas y medianas empresas PYMES.

Son las empresas las que dan la cara por las naciones, y son el futuro de los sistemas competitivos. Cómo vamos a avanzar si en Venezuela no hay empresas que industrialicen en origen, y sin empresas no hay economía.

Tenemos que impulsar empresas industriales de venezolanos de todas las regiones del país, porque nuestros recursos son muchos y variados. Debemos lograr las autonomías regionales y tomar las decisiones en el sitio. Debemos alcanzar la fortaleza que nos dará el conocimiento de nuestros centros de estudio e investigación regionalizados para poder industrializarnos en origen; es decir, donde esté la materia prima. Es necesario constitucionalizar a los 23 Estados y a sus nuevos 1136 municipios, como autónomos y autogestionarios al tener acceso al capital a través de la banca, mini y micro capitalistas y ciudadanos criollos, directa o indirectamente. Financiar y/o desarrollar empresas conjuntamente con el sector privado, público, educativo e investigativo superior para producir, gradualmente bajo normas ISO, los equipos e insumos que actualmente se compran en el extranjero para sustituirlos progresivamente.

Con estas fuentes de recursos financieros provenientes de la recaudación fiscal y la propiedad sobre los recursos naturales, cada uno de los 23 Estados y sus municipios, ahora bajo un nuevo pacto social, autogestionados y productivos, podrán acometer sus propios desarrollos enmarcados dentro de la Constitución. De esta manera, hacer las transformaciones de su *materia prima* (industrializar las materias primas en el sitio de origen), fundadas legalmente en las políticas nacionales, regionales y municipales.

LA NUEVA INDUSTRIA

La *industrianza* debería estar asentada en toda Venezuela, pero, con énfasis en la cuenca del Orinoco, en la cuenca andina-zuliana, y en las subcuencas de Lara, Falcón, Yaracuy, Portuguesa y Barinas. El mundo está entrando en la tercera etapa de la revolución industrial, y de los *commodities* primarios se innovan y desarrollan nuevas manufacturas. Venezuela debe estar acorde con esa realidad para lograr prestigio internacional con sus propias marcas y patentes. En el siguiente mapa poblacional se puede observar la bisagra industrial bajo el eje del Orinoco y los ejes occidentales y del sur.

La primera república, cobijada por Cordiplan y mantenida por la cultura de la renta petrolera, no fue capaz de concebir un plan de industrialización del país. Fedecámaras pertenece al manto ensamblador, y Fedeindustria, en esta confusión de importadores, perdió la noción de los mercados mundiales. Si a ver vamos, esta configuración político-económica centralista está compuesta por hombres que no conocen las potencialidades de la provincia venezolana, de manera que, ¿quién quiere en esta «bonanza centralizada de $» darle un cambio de rumbo a Venezuela?

Tenemos tantos *commodities* en Venezuela que, la lógica nos indica que debemos cambiar el destino de nuestro país. Esto no será dependiendo de la volatilidad de la renta petrolera y sus vaivenes intermitentes, que tanta desdicha le han traído al pueblo venezolano y solo han beneficiado a unos pocos a lo largo de su centenar de años en la vida del país.

Debemos salir al mercado internacional con nuevos líderes visionarios que no se advierten en la dirigencia política pasada ni actual,

para muestra la gran cantidad de renta petrolera que se ha ido por estos caminos de ignorancia.

Cómo es posible que no tengamos a estas alturas del juego, y después de estar exportando petróleo por casi un siglo, patentes venezolanas para competir con el ultraleno, el nylon, el teflón, el acetol, el poliuretano, la fibra fenólica, de vidrio, al carbono, etc. Sencillamente, es una vergüenza.

Los partidos políticos y sus líderes (nuevos y viejos) no están preparados para crear un pensamiento industrial, ni siquiera se plantean una democracia parlamentaria que facilite ese camino de industrialización fundamental para conducir el país a la modernidad y al desarrollo de la calidad de vida de los ciudadanos.

En economía, las leyes naturales no respetan. Caracas y el centro no deben seguir mandando sobre la provincia venezolana, ya que no generan renta sino gastos. No crean para nada renta externa, además, ya no se puede seguir teniendo a un país cautivo de empresas ensambladoras y mezcladoras de materias primas, financiando a los fabricantes de Estados Unidos y China, solo por nombrar dos naciones de las tantas importadoras; mientras nuestros coterráneos emigran porque en Venezuela no hay nada que hacer, cuando en honor a la verdad está todo por hacer.

El centralismo, obsoleto y caduco, hasta el día de hoy ha sido incapaz de mostrarle a los venezolanos y al mundo de lo que es capaz de industrializar y fabricar en nuestro país. No lo puede mostrar porque, en su borrachera de dólares malgastados y dilapidados durante los últimos treinta y cinco años, tampoco lo conoce. Ignora que tenemos estas potencialidades. No cree en la capacidad productiva e innovadora del connacional, y repite como loro, la falsa y famosa premisa: «si es venezolano es malo, lo bueno es lo importado».

Los distintos gobiernos nunca han querido, ni siquiera se lo han planteado, darle una oportunidad al talento de nuestros muchachos y al temple de nuestro país de soñar con un futuro de grandeza y prosperidad. Acá vale aquel pensamiento que nos impulsa y nos anima cada vez más: *Si tus sueños no te asustan, es porque no son suficientemente grandes.*

En Venezuela se repite hasta el cansancio que hay recursos humanos para salir de la crisis; que si la reserva moral, que si creatividad, que si inventamos o erramos y otros lugares comunes. Pero nunca hemos apelado a esos recursos humanos, ni a esa creatividad para diseñar un moderno modelo de Estado, economía y educación descentralizados.

Tenemos que transformar elementos básicos para las industrias naval, espacial, robótica. Fábricas con diseño digital, ordenadores móviles, herramientas electrónicas y eléctricas. Nanotecnologías, misiles, balística, aleaciones de alto rendimiento, centrales nucleares, trenes magnéticos, baterías (hoy tan escasas), centrales nucleares, trenes aero suspendidos (como el Transxrails andino), medicina telemática, y cerámicas industriales entre otros bienes.

Estos elementos básicos, hoy llamados *commodities* se encuentran en toda Venezuela, también en el «triángulo del porvenir», entre los estados Guárico, Apure, Amazonas y Bolívar. Si este triángulo se hallara en Alemania, Holanda, Estados Unidos, ya lo hubiesen decretado «Zona estratégica de seguridad» o «Zona especial», pero está en Venezuela y ni el gobierno regional ni el de Caracas tienen una idea de lo que se puede hacer con ese triángulo, y eso que el valor de esta zona podría llegar a billones y billones de dólares.

Imaginen por un momento a los gobernadores y alcaldes de esos ricos estados autónomos, autoproductivos y autogestionados, con los tres poderes en manos de la región: poder político con autonomías regionales, poder económico para acceder al capital y generar riqueza para sus habitantes, y poder educativo regionalizado para generar conocimientos y desarrollar estas riquezas que Dios nos dio, y que están allí durmiendo en «las manos de la ignorancia».

Descentralización y globalización forman dos mega tendencias dominantes en todo el mundo. Estamos, en realidad, ante un proceso de ruptura con el pasado, una refundación completa de los términos de la convivencia política, económica, educativa y social entre los ciudadanos venezolanos.

INDUSTRIA DE TURISMO

Se sabe que el turismo es el pivote industrial más sobresaliente en la generación de renta, y en cuanto al empleo: infraestructura y servicios entre otros beneficios. Esta industria eslabona, por sí misma, una cadena industrial que conforma una plataforma permanente. En esta industria intervienen otras organizaciones industriales, como la de construcción, urbanismo, arquitectura, ambiente, salud, banca, educación, aviación, turismo náutico, comunicaciones y telecomunicaciones, etc.

México sigue construyendo destino basado en esta industria, así como Cataluña, en España, Florida y California en Estados Unidos, Bali en Indonesia, Dubái en los emiratos árabes, ya que la nueva organización mundial social requiere del ocio integral como parte del nuevo estilo de vida.

Si le damos un valor agregado a la industrialización de la cuenca del Orinoco, en un gran complejo industrial turístico, en los ejes del estado Sucre, Delta Amacuro, Bolívar y Amazonas, los venezolanos deberíamos producir los materiales y recursos cualitativos que exige el andamiaje de esta industria (desde una sábana hasta los más importantes requerimientos hoteleros, todo debería ser «hecho en Venezuela»). El resto de Venezuela sería un subsistema de este eje central original. Ejemplo, Nueva Esparta, Falcón y los estados andinos.

El sistema funcionaría como un nodo interconectado con San Carlos de Río Negro, San Fernando de Atabapo, San juan de Manapiare, Maroa, Puerto Ayacucho, La esmeralda, y Guainía. Serán nodos integrados al mundo internacional, y formarán la red natural del turismo. Este sistema sería parte del propio sistema del valle del Río Aro, en el estado Bolívar, junto al gran valle del Caura, Maripa, Cuyuní, La Urbana, La Bonita, Puerto Carreño, Mapire, Ariapo, El Carrao, Sabana Cardona, La Paragua, El Trueno y La Esperanza. Estos vendrían a ser los centros unitarios que formarán, con el núcleo de la Gran Sabana, unidades entrelazadas como una sola entidad productiva. No hay nada en el mundo parecido a esta geografía turística homogénea y de magia natural.

A esta unidad morfológica se le suma el Gran Delta del Río Orinoco. Nuestro río Orinoco no tiene precio, su costo es infinito. El turismo náutico sería un gran destino segmentado para clases sociales específicas. El delta del Orinoco estará compuesto por «autopistas acuáticas», únicas en el mundo, para los distintos ítems de turismo. El gran Río Grande, la cara del delta al Atlántico, Mariusa, Pedernales, San Francisco, Boca Grande, Imataca, Macaira, Acure, Nuria, Tucupita,

Barra coima, y Punta de playa. Unir el Amazonas, Guayana, y el Delta, no tiene competencia.

Podemos seguir hablando de las ventajas del estado Sucre, la cara más importante del turismo ante el mundo, del estado Falcón, Mérida, Táchira, o las inmensas llanuras venezolanas. No obstante, prefiero referirlos al libro de Tuto Calvo Fuentes, *Nace la segunda república civil de Venezuela*. Allí se deleitarán con el tema sobre cómo se gesta el gran desarrollo de un país moderno.

La telemática e Internet van formando los nodos de los modelos de negocios de la industria del turismo. La tendencia de la nueva sociedad buscará los destinos donde la naturaleza será el gran producto a vender. Lo primero es tener el producto: la naturaleza, y la tenemos, luego hay que darle marcas de destino.

¿Quién se beneficiaría? El país y los venezolanos de esas latitudes, y quienes allí lleguen a hacer su vida en un Estado Descentralizado, que les permita generar renta diferente a la petrolera, generar riqueza para su entorno, y mejorar la calidad de vida.

La agricultura

La comida… ¿cómo comeremos si se acabaron los dólares?

La influencia de la región norte costera en el manejo de las obligaciones productivas en Venezuela se conserva. La razón es porque el ministerio de alimentación debe estar ubicado lejos de los centros naturales de producción. En Venezuela ya hemos visto que vivimos de una política de puerto en lo que a comida se refiere.

A este hecho le sumamos que, en nuestro país, para el «centralismo» es más importante el cómo llegó la tierra a manos de quien la está usufructuando, que la producción misma, la tecnología que utiliza y la diversidad de lo que se produce.

Como si no fuera suficiente, son pocos los productores venezolanos que viven en la unidad o sitio de producción. No pueden habitar en la misma zona, fundamentalmente, porque el ambiente es inhóspito. En esos lugares hay secuestro, *vacunas,* y extorción (esto me consta de primera mano). Por lo tanto, se ve en la obligación de atenderlo a «control remoto», lo cual lo convierte en una operación ineficaz.

Mientras tanto, la economía agrícola en el mundo va a un ritmo diferente. Todo cambió cuando llegó a la bolsa en Londres, Chicago, New York. A las materias primas agrícolas las llaman *commodities,* y en las bolsas se determina que los «ciclos» están sujetos al precio.

El costo de la industria de los alimentos estará fuera del alcance de la Venezuela de hoy, ya lo estamos viendo. Se le acabó el tiempo al Estado para seguir jugando con la industria de la alimentación de los pueblos. Más aún si tomamos en cuenta que las grandes masas humanas están concentradas en barrios verticales improductivos.

La ciudadanía no lo sabe, pero ha sido transformada en sociedad-voto. Tanto los gobiernos anteriores (Corpomercadeo) como el actual (Mercal), lo han hecho sistemáticamente, pero se acerca el momento en que no tendrán qué darle de comer. Los precios de los *commodities* agrícolas integrales serán más altos y Venezuela no podrá importar para atender a cuarenta y cinco millones de habitantes en veinte años.

Aquí es donde nace la imperiosa necesidad de los EAP (Estados Autónomos Productivos y Autogestionados), establecidos en una nueva federación para quien será más importante la producción alimentaria que el tema político.

Venezuela debe recuperar el destino agrícola integral que tenía, y perdió, por depender solo de la renta petrolera.

¿Qué hacer? Todo lo puede hoy día la tecnología, dominemos el espacio y pongámoslo a la orden de las necesidades, primero del país y luego del mundo. Tenemos que fundar los conceptos de agricultura volumétrica, diseño productivo, tierra nutritiva, fertilidad, humedad apropiada, etc.

El mundo agrícola evolutivo tiene dos máquinas:

- El hombre.
- La máquina propiamente dicha creada por el hombre.

Con esas máquinas, actuando en consonancia la una para la otra, tendremos una excelente producción rentable, pero solo si aprendamos la lección de que la economía agrícola marxista fracasó, no es viable en la actualidad. Todas las revoluciones agrarias fracasaron. La pobreza fue el resultado del monopolio de la economía agraria por parte del Estado. La economía no fracasa nunca, quien fracasa es el hombre al no comprenderla.

El hombre del campo debe ser reconocido. Él y su trabajo deben contar con no solo seguridad física para producir, sino también propiedad segura y retorno de su inversión. La inmensa gama de la economía agrícola va a ser, entonces, la economía de la soberanía.

La nación que no tenga clara su organización económica para producir, no tendrá cabida en el mundo. Venezuela no puede seguir siendo una nación *paria* por culpa de los adictos a la renta petrolera. Esta solo ocasiona un cumulo de hechos donde Venezuela paga de su bolsillo para enriquecer al agente importador de alimentos y el agente exportador, en detrimento de la producción nacional y de la soberanía alimentaria.

Hay que ver a la Venezuela que hemos abandonado, que hemos perdido por la indolencia social de antes y de ahora. ¿Por qué no producimos en Venezuela todos estos productos que importamos? Porque no existe la ingeniería de diseño, ni la ingeniería aplicada, ni tenemos tecnología propia, y actualizada. Tampoco contamos con los mercados, ni las marcas, ni la cultura, ni el capital financiero, ni la voluntad. Sobre todo, entre nosotros no existe confianza para invertir y desarrollar estos productos, observando no solo al mercado nacional sino al internacional. Tocamos estos puntos para mostrar el desguace que ha hecho el centralismo en el país, y el hecho de depender de la renta petrolera por culpa de las importaciones.

Tenemos que plantearnos la eliminación del Estado importador. Decretar la construcción de toda la infraestructura integral de plantas físicas para fundar la Venezuela industrial bajo una nueva forma de organización social descentralizada.

Si Venezuela dejara de importar los 50.000 millones de dólares que importamos anualmente, y los reexportamos en productos 100 % venezolanos, estaríamos produciendo más de 100 mil millones de dólares adicionales distintos a los imputables a la renta externa petrolera.

Ante esto no podemos seguir bajando la cabeza por la vergüenza que nos causa, sino entender que estamos así porque la dirigencia del país solo se preocupa de hacernos ver que esto está mal, por culpa de los últimos. No entienden que, ni siquiera ellos, se han preocupado de hacer un planteamiento serio y coherente de corrección sobre las causas de esta crisis venezolana. Tampoco se ha buscado una solución definitiva que permita, no solo reconstruir el país sino reencontrarnos como sociedad.

Por algo la sociedad está cansada del tratamiento convencional de la política.

La meta para Venezuela es invertir las cifras del socialismo actual, y propiciar que el sector privado criollo, o sea de venezolanos que hoy se están yendo del país por falta de oportunidades, sea mayoritario (95 % o más tendiendo a 100 %) con preponderancia de las PYMES. Mientras que el estadal sea minoritario a 5 % o menos tendiendo a 0 %.

Al acometer la industrialización de los *commodities* propios de cada región, con autonomías regionales y cambio de modelo, surgirán grupos económicos regionales: metalúrgicos, manufactureros, agroindustriales y de servicios, y constelaciones de PYMES. Esto equivale a «sembrar el petróleo», porque «un país es lo que son y cuantos sean sus empresarios» (Tito Livio Caldas).

SECTOR VIVIENDA

El Estado debe garantizar a los venezolanos, constitucionalmente, el derecho a la vivienda adecuada en sus respectivos urbanismos. Estas deben ofrecer una calidad de vida, de primera, a la institución familiar venezolana, además de constituir la base de hogares dignos, ciudades sostenibles y humanizadas.

Tal responsabilidad debe ser cumplida para evitar la frustración continuada que ha sometido históricamente a la familia venezolana, dificultando el acceso a este derecho. En Venezuela, esta problemática ha sido planteada muchas veces sin que a la fecha se haya solventado de forma adecuada. Al contrario, se ha incrementado y arrastra consigo condiciones alarmantes de degradación social, marginalidad, y caos urbano generalizado que fracturan la estructura urbana nacional.

Esta lamentable realidad se debe, fundamentalmente, a la existencia de un Estado Federal Centralizado, que concentra en la capital y en el norte centro costero del país, toda la dinámica política y económica. Este paradigma ha obligado a millones de venezolanos a migrar hacia esos centros en búsqueda de trabajo y mejores condiciones de vida. Ante la carencia de vivienda adecuada, los grupos de migrantes se ubican en los alrededores de dichos centros, conformando grandes barriadas aisladas socialmente, con alta concentración de pobreza, inseguridad, hacinamiento, mala conectividad urbana y falta de acceso a bienes públicos y servicios.

Ante tan grave situación, se han impulsado políticas discontinuas, puntuales y paliativas, durante muchos años y en medio de incoherencias y sectarismo político. Ninguna trascendente, adecuada y de largo alcance, que es la requerida para subsanar una problemática tan seria como la que se tiene. Tradicionalmente se ha dado mayor importancia a la facilitación de recursos y permisos para atender casos aislados, perdiendo el sentido trascendental de la ordenación urbana. Este desatino ha producido, en el tiempo, una anarquía urbanística donde no se respetan las normas u ordenanzas (si las hay). Como consecuencia, se han originado grandes concentraciones de viviendas asignadas en terrenos inestables, en muchos casos, al margen de vías y ríos, sin servicios adecuados (vimos al inicio del libro la foto de Caracas de 1980).

Así tenemos que, según el censo del 2011, el 88.5 % de la población es urbana y vive afectada por serios problemas de degradación y segregación social y urbana. El déficit habitacional está en el orden de tres millones y medio de unidades habitacionales, con un incremento vegetativo interanual del orden de las 130.000 familias que las requieren.

Atacar esta problemática que afecta hoy a cerca del 48 % de la población, exige un acuerdo nacional con participación de la población organizada: sectores laborales, educacionales, financieros, profesionales, empresariales y gubernamentales, en la elaboración e implementación de políticas habitacionales apropiadas, sustentables y sostenibles. El plan debe lograr integración social, identidad, un desarrollo económico e institucionalización; equilibrio ambiental, gobernanza, y pertenencia. En tal sentido el «Proyecto País» incluye algunas propuestas orientadas a superar tal situación.

- Fortalecer el proceso descentralizador transfiriendo a los Estados y municipios las competencias de desarrollo urbano y construcción de viviendas, acorde con planes de ordenamiento territorial y desarrollo local, regional y nacional, conjuntamente con las capacidades y medios necesarios para ejercerla, y con la participación de las comunidades organizadas.
- Planificar y desarrollar un sistema de nuevas ciudades sustentables y sostenibles en el tiempo, de carácter intermedio, amigables con el ambiente, acorde con los planes de ordenamiento del territorio, de desarrollo regional y nacional del

país (ej.: Ciudad Polonia – Táchira), con las nuevas tendencias de industrializacion aca planteadas.

- Incorporar los nuevos centros universitarios y tecnológicos regionales a los procesos de asesoramiento, planificación, investigación y producción de viviendas.

- Normar, con rango constitucional, que las ciudades dispongan de sus respectivos planos de ordenamiento y desarrollo urbano, de sus ordenanzas correspondientes, y puedan actualizar las que ya los tienen. Los gobiernos regionales, investidos constitucionalmente de la autarcía necesaria, deben hacer énfasis en sectores de menores ingresos y barriadas populares, adelantando programas de remodelación, sustitución de ranchos por viviendas dignas e integración del barrio en la trama urbana donde sus condiciones geológicas o topográficas lo permitan. Esta acción debe tener amplia participación de la población organizada, y ser atendida como actores y sujetos del proyecto con la asistencia técnica multidisciplinaria necesaria.

- Otorgar, de forma constitucional, al Estado regional como promotor, impulsor y facilitador de iniciativas públicas o privadas orientadas a solventar el déficit habitacional dentro de principios de solidaridad y justicia social.

- Fortalecer y asesorar la organización de las familias, a nivel municipal, carentes de viviendas para acceder a terrenos, proyectos y financiamiento especial para resolver su problema habitacional.

- Acordar formas de financiamiento entre el sector público, privado y beneficiarios que permitan la producción y fácil acceso a la vivienda de calidad. Igualmente, adelantar una política de subsidio con énfasis en las familias más necesitadas.

- Estimular y fortalecer la participación del sector privado regional en la producción de insumos, nuevas tecnologías y vivienda en el país.

- Incorporar al proceso productivo de vivienda a las comunidades organizadas y sectores obreros de la construcción, como beneficiarios directos o indirectos, de la vivienda.

- Dar estímulos impositivos al sector privado para atender y construir desarrollos de vivienda para sectores de bajos recursos; además de programas de vivienda en alquiler con opción a compra (tipo modelo chileno).

- Definir en nuestras ciudades áreas urbanas solo para la construcción de viviendas sociales. Adelantar políticas y normativas que eviten procesos especulativos de tierras, viviendas y la segregación social y urbana.

- Ampliar las poligonales urbanas en aquellas ciudades que dispongan suficientemente de los servicios básicos y sus condiciones geológicas lo permitan.

- Simplificar, con rango constitucional, la permisología para vivienda y urbanismo, creando en los municipios, veedores vecinales en ambiente y urbanismo.

- Estimular el ahorro habitacional, así como disponer de encajes y participaciones presupuestarias, o financieras, necesarias y suficientes que permitan acometer con éxito diversos programas del sector vivienda.

- Dotar a nuestras ciudades de novedosos sistemas de transporte masivo de personas, que optimicen la movilidad urbana y extraurbana, mejorando la calidad de vida de habitantes y usuarios en general (Transxrails andino-hecho en Venezuela).

- Modernizar los sistemas de separación, recolección, procesamiento y disposición final de los desechos sólidos.

Finalmente debemos implantar políticas de vivienda que propicien una mejor calidad de vida de las personas, en ciudades o poblaciones sin segregación social, ambientalmente amigables con desarrollo económico sostenible. En tal sentido, la dinámica social de nuestros centros urbanos debe ser participativa con respeto a las comunidades y acercando las decisiones a sus habitantes. Esta dinámica impone la necesidad de adelantar un robusto proceso de descentralización sobre el tema de vivienda, para pasar del actual Estado Federal Centralizado al Estado Federal Descentralizado.

Esta acción requiere de un proceso de reorganización institucional que ordene y cohesione claramente a los diversos entes, públicos y privados, participantes de la acción urbana. Así como los usos de la tierra, para evitar diversidad de competencias, incoherencia o acciones disimiles o contradictorias. De esta forma, se dará sentido de unidad y propósito con políticas públicas e instrumentos legales modernos, adaptados a los objetivos nacionales, regionales y locales que se persigan.

3) EL PODER EDUCATIVO E INVESTIGATIVO

¿Hecho en Venezuela? Cuando visitamos una ferretería encontramos taladros, cepillos industriales, martillos, taladros, serruchos, llaves de diferentes tipos, equipos de plomería etc. Preguntémosle a algún vecino, ¿usted ve ese taladro? Es importado de China. ¿Usted cree que Venezuela lo produce? La respuesta será: no. Venezuela no lo produce, y quien así responde tiene razón. Él no conoce taladros ni martillos, ni carretillas venezolanas y resulta que eso es tecnología del siglo pasado. Eso es un diseño industrial, un motor, un molde, y un material cualquiera (llámese aluminio, hierro, plástico etc.). Cualquiera que haya estudiado ingeniería de diseño o mecánica, lo podría hacer. Qué fácil es y ¡qué vergüenza, qué vulgaridad! En Venezuela nadie sabe hacer herramientas.

En el mundo, según las fuentes, existe una plataforma manufacturera de productos primarios, superior a los siete millones de productos, y podría llegar con los terciarios y el desglose en categorías a una comparación de 3:1. El mundo es productos, materiales, diseño, y máquinas, hombre, organización, administración, mercado, información económica, y sociedad, más dinero.

La plataforma manufacturera de productos es la que crea a los médicos, a los ingenieros, a los maestros, a los turistas, a los químicos, astrofísicos, etc. Si no hay productos no hay sociedad, y si no hay productos tampoco hay dinero. Venezuela, hasta que no produzca un pensamiento propio, no entrara al mundo de las ideas de calidad. Hasta que no compita con ideas, con productos y con dinero no será respetada.

Uno de los primeros países que lo puede lograr es precisamente Venezuela. De buenas a primeras el mundo se volvió deuda, crédito, mercado. Un bono, una letra, un derivado, un producto nace hoy en

Singapur y, en tiempo real, está inmediatamente en Londres, así nace la cadena.

Las organizaciones productoras de bienes, conforman una sociedad laboral mundial. Todo es un nodo, la cadena productiva soportada por la información y el conocimiento.

La sociedad educada será la dueña del mundo; la generadora de empleo, bienestar y progreso. Los nuevos líderes serán adictos a los métodos intensivos para aprender.

Tenemos que construir una plataforma pedagógica para incluir al hombre social y productivo. Que recupere el tiempo perdido, que ocupe su cerebro con la calidad que día a día exige el mundo; y elimine del cuerpo el concepto de «pobre y desigual» y lo sustituya por «ilustrado y productivo».

El Estado jamás ha sido un empresario eficaz en ningún país del mundo ni en ninguna época, sino una fuente inagotable de populismo, ineficiencia y corrupción, con empresas públicas eternamente quebradas; convertidas en seguros de desempleo y/o cajas del Gobierno. Un porcentaje importante de empresarios privados, que han crecido parasitariamente a la sombra del Estado, se constituyeron, unos en una especie de sector capitalista paraestatal monopólico que tiene privilegios, mercados cautivos y seguro contra quiebras; y otros en generadores de cuantiosas pérdidas para el erario nacional que se enjugan con el salvador «borrón y cuenta nueva».

«Un buen número de empresarios ha hecho, y seguirán haciendo, fortuna arriesgando muy poco. Así, en el marco de la política de sustitución de importaciones, nuevas empresas y empresarios no nacen, en el sentido de que no surgen de una dinámica económica propia como sucedió en Estados Unidos y en otras partes, sino que son hijos de la actividad promotora del Estado, del dinero fácil que este aporta para la formación deliberada de capitales» (Pirela A. 1987).

Esto se basó en las ideas de la CEPAL (Raúl Prebisch, años 50, y Rostow, años 60), que preconizaban «la necesidad de una industrialización acelerada de las economías atrasadas, en la busca de mayor independencia económica» (ILDIS, 1986).

Lo anterior condujo a la compra «llave en mano» de empresas cuyo basamento tecnológico escapaba del conocimiento del empresario. De acuerdo con dicha forma de negociar, la empresa venezolana se limita a seleccionar a un proveedor y deja en manos de este todos los aspectos relativos a la construcción, montaje y puesta en marcha de una determinada planta industrial.

«En 1983 se gastaron, presumiblemente, más de 10.000 millones de US$ en la compra de tecnología extranjera, pero resulta difícil conocer cuan exacta es tal cifra...» Moisés Naím y Ramón Piñango. *El caso Venezuela* (IESA.1984).

La documentación técnica y comercial es proporcionada por los proveedores de maquinarias y equipo. Además de los servicios comerciales de las embajadas (Maritza Guaderrama. 1990). Bajo las condiciones arriba descritas se fundaron zonas industriales y se instalaron muchas empresas que en su mayoría fracasaron.

El país no se industrializó, pero sobrevivió un sector capitalista privado paraestatal con una mayoría de improvisados empresarios. Entre ellos, algunos discretísimos extestaferros de altos personeros exgomecistas y de exjerarcas puntofijistas, que se quedaron con las fortunas de sus amos y tuvieron la sagacidad de invertirlas a través de capacitados profesionales.

Los empresarios deben comprender que no es posible seguir disfrutando de los privilegios del pasado, que es necesario asumir los riesgos, principios y reglas del capitalismo, incluida las responsabilidades sociales.

Esto implica, como condición *sine qua non,* la vinculación íntima entre la tecnología y la industria, es decir, entre las universidades tradicionales, las politécnicas, y el empresariado. Algo que se facilitaría bastante dentro de un EF Descentralizado de 23 Estados y municipios autónomos, donde cada Estado posea su propio sistema educativo. Hasta ahora se ha visto de manera general la poca vinculación que existe entre la tecnología y la industria.

El crecimiento de la industria nacional no experimentó, en ningún momento, una demanda sostenida de tecnología y ciencia nacionales. Se apoyó, como mencionamos más arriba, a las industrias tradicionales (bienes primarios y semielaborados) cuyas necesidades tecnológicas son menores a las de las industrias de bienes intermedios o de capital; y que fueron satisfechas con la importación de equipos, maquinarias e insumos.

Esta característica tendería a mantenerse en un proceso recurrente: instalación de procesos extranjeros, pagos de patentes, ausencia de demanda por los resultados de la investigación autóctona, debilidad de la oferta nacional de tecnología e instalación de nuevos procesos extranjeros.

Conjuntamente con las empresas se instaló la dependencia foránea, más humillante, onerosa y, casi siempre, innecesaria. Esta abarca desde mantenimiento, suministro de piezas de recambio (como un tornillo), hasta las operaciones más complejas. Así como de materiales y demás insumos, muchos de los cuales podían ser elaborados y/o suministrados por proveedores venezolanos, incluso, copiados en laboratorios de las universidades politécnicas y tradicionales.

La escasa vinculación de los sistemas internos, el productivo y el tecnológico, propició, igualmente, la mayor conexión con los capitales foráneos. Estos determinaron el patrón tecnológico de nuestra industria (más) un conjunto de medidas proteccionistas. Las mismas le permitieron a la industria nacional, aprovechando los renglones no abarcados por la actividad importadora, contar con un mercado interno, con dinero abundante y barato, además de privilegios fiscales. «En suma, con un medio económico que no castigaba la ineficiencia, sino que, por el contrario, permitía la obtención de grandes beneficios, aunque no se lograra alcanzar un nivel de productividad aceptable» (Moisés Naím y Ramón Piñango, citados por Maritza Guaderrama).

Las empresas que lograron escapar de la dependencia foránea, de la quiebra o de los bajos rendimientos, fueron las que se acercaron al sector educativo superior a descifrar, interpretar, modificar y rentabilizar las tecnologías contenidas en «las cajas negras» que habían recibido.

Se demostró, una vez más, que los empresarios cuando se vinculan con el sector educativo tradicional y politécnico, resuelven los problemas técnicos con aumentos de la calidad, productividad y competitividad.

LA CAJA DE HERRAMIENTAS GERENCIALES

Los cambios en la política comercial y económica, centrados en el principio de la globalización, nos obligan, no solo como sociedad, sino primordialmente como individuos, a ser más competentes en todos los ámbitos de la vida. Debemos contar con una mayor cantidad de conocimientos, decidir con más información, usar tecnologías más avanzadas tanto de proceso como de información y comunicación. Así como muchas otras habilidades específicas que nunca terminaríamos de enumerar, pues la lista crece más rápido que la velocidad con la que podemos escribirlas.

Todo esto nos obliga a cambiar constantemente como personas, a desarrollar otra cultura social y de trabajo, ya que, cada vez con mayor frecuencia, tendremos que aprender nuevos conceptos y desarrollar nuevas habilidades. Debemos entender y saber comunicarnos con otras culturas con las que, inevitablemente, entablaremos una relación comercial. Por tanto, es necesario establecer, como metas el desarrollo, una cultura de la calidad.

«Destaca la importancia de realizar un cambio de paradigma hacia la competitividad, mediante la incorporación de los principios de la calidad total en una cultura personal y organizacional. Un profesional de calidad no podrá ser competitivo si no sabe cómo planificar, controlar y mejorar productos, servicios y procesos de calidad» (Delgado. 2001).

Para esto existen procedimientos, toda una «caja de herramientas» que están al alcance de la mano. No son secretos guardados en cajas de seguridad, ni complejas fórmulas matemáticas difíciles de enseñar o implementar. No obstante, son indispensables para producir bienes y servicios con calidad, productividad y competitividad en el marco de la globalización.

Crisis, en general, es la diferencia entre la situación actual y la deseable. Cada situación tiene sus modelos de Estado, economía y educación. Cuenta con reglas de juego que no varían para seguir controlando el país, aunque este se estanque o empeore cada vez más.

Otros líderes desean que los modelos centralizados y las reglas de juego se reemplacen. Están claros en que, mientras permanezcan los modelos y reglas del pasado, la crisis persistirá y se agravará inevitablemente.

Esta se solucionará de manera definitiva cuando los líderes ejerzan su capacidad de construir futuro, el cual no se prevé, sino que se prepara. No está escrito, está por hacer, es la razón de ser del presente que engendró el pasado. No tiene nada que ver con la futurología, sino con una disciplina intelectual emergente: la prospectiva científica, estratégica y competitiva.

Tiene que ver con trazar el árbol.

Raíces: orígenes de los modelos de Estado, Economía y Educación y sus cualidades.

Tronco: organización, modos de funcionamiento.

Ramas: distribución territorial del poder, rendimientos de competencias del pasado, presente y futuro de un país.

¿Estarán conscientes de esta responsabilidad nuestros líderes?

MODELO DESCENTRALIZADO DE EDUCACIÓN E INVESTIGACIÓN Y POR QUÉ

La aldeanización del mundo, en el siglo XXI, debido a las telecomunicaciones y la profusa divulgación y accesibilidad del conocimiento ofrece la posibilidad a países subdesarrollados de apropiarse del saber y adquirir autosuficiencia económica, científica y tecnológica. Así como competir en los mercados del mundo sin enajenar su soberanía, ni su medio ambiente. Tampoco sus identidades nacionales ni regionales, pero solo si se organizan sobre modelos descentralizados de Estado, Economía, Educación e Investigación. Lo demuestra la historia.

La educación e investigación se consideran por separado, pero están íntimamente vinculadas. Los analistas le atribuyen a la educación e investigación capacidad para resolver todos los problemas: un hermoso mito insostenible frente a la experiencia histórica.

Por supuesto que existe una vinculación entre la educación e investigación y el desarrollo socioeconómico, pero este vínculo se materializa a través de los modelos de Estado y Economía que son, en ese orden, los factores dominantes.

Existen dos ejemplos de entre muchos interesantes:

- La educación e investigación científica y tecnológica centralizada en la antigua URSS se promovió como excelente. Estaba totalmente al servicio del Estado centralista dictatorial y del modelo económico comunista basado en la centralización, colectivización y propiedad estatal de todos los medios de producción; no obstante, esta educación e investigación no impidió la depauperación de esa vasta nación.

- El segundo ejemplo es Cuba: vendió siempre su educación e investigación (absolutamente centralizada) como un gran logro, por lo menos en alfabetización y profesionalización, pero esto no ha servido para superar la miseria extrema de la isla. Fidel Castro, en la página B/10 de El Nacional del 09-02-03, declara que en Cuba «la enseñanza secundaria en los grados séptimo, octavo y noveno es un desastre... que no hemos sido capaces de alcanzar todavía un sistema educativo óptimo», y prometió un cambio radical en la educación.

Existe una relación de subordinación y dependencia o «fenómeno de espejos» entre el modelo de Educación e Investigación y los modelos de Estado y de Economía. El primero copia la estructura, el modo de funcionamiento, los vicios e ineficiencias o las virtudes y rendimientos de los segundos.

Los estudios sobre nuestra Educación e Investigación hablan de «errores» e incluyen «correcciones», pero toman poco en cuenta que la Educación e Investigación que tenemos se corresponde exactamente como anillo al dedo con el modelo de Estado Federal de poder Centralizado y con el capitalismo de Estado vigentes.

Estos modelos, por su propia naturaleza, generan pobreza, ignorancia, corrupción, ineficacia, improductividad, estancamiento, atraso y fraude en multitud de formas. Por ende, produjeron el modelo educativo e investigativo con esas mismas características. Salvo las infaltables excepciones.

Pero no se trata de corrupción y fraude exclusivamente administrativo, sino obsolescencia curricular, en particular didáctica. Esta produce daño difícil de revertir en la mente, personalidad y destino de millones de niños y jóvenes, por la aplicación de currículos ocultos y metodologías de enseñanza de aprendizaje arcaicas basadas principalmente en el conductismo.

Estas metodologías maltratan emocionalmente a los educandos y los hacen fracasar en masa. Lo demuestran las investigaciones de la Escuela de Educación de la UCV sobre deserción escolar en primaria. Los resultados de exámenes de admisión de la Oficina de Planificación del Sector Universitario (OPSU) y las universidades que arrojan 60 a 80 % de reprobados, y la escolaridad en las universidades públicas. Por ejemplo, según El Diagnóstico Evaluativo Informe Final UNEXPO-OPSU de 1997: «La escolaridad oscila entre 15,43 y 17 semestres. 1 % egresa en 5 años: 1 egresado por cada 3 alumnos que ingresan, lo que significa solamente un 29 % de efectividad». Estos números reflejan el fraude en la educación primaria, que se traslada al bachillerato y a las universidades del sector público y privado. Es el fraude en la educación de la IV República.

Este fraude se ha convertido en mega fraude en la V República con las Misiones educativas Robinson, Sucre, Rivas y la Universidad Bolivariana. Además de la total perversión de los fines por los cuales fue creado el INCE, y la incorporación del adoctrinamiento castrocomunista, lavado de cerebros y culto a la personalidad. Ambos fraudes (IV república y V república) se apoyan en docentes conductistas que, consciente o inconscientemente, actúan como si el aprendizaje se realizara únicamente mediante el condicionamiento operante de Pávlov:

«La unión de un estímulo no condicionado (comida para el perro; conocimiento para el alumno) con un estímulo condicionante (campana para el perro; discurso del profesor para el alumno) provee un método de condicionar»; es decir, el alumno debe estar totalmente motivado para aprender. Algo análogo a «excitación cerebral», cuando ve y oye al profesor se supone que está listo para aceptar lo que aquel le recita, como el perro para recibir el alimento que le suministra el amo.

Watson: «El conductista ha eliminado de su vocabulario científico todos los términos subjetivos, tales como sensación, percepción, imagen, deseo propósito y aún pensamiento y emoción».

Skinner: «La conducta pone en evidencia lo falso de pensar que a los procesos mentales se les pueda atribuir la iniciación de la acción. La causalidad en la conducta no depende de que haya "un darse cuenta"».

El conductismo y su didáctica asociada tiene su lugar en el proceso de enseñanza-aprendizaje; pero no lo agota como para reducirlo a lo que usualmente se conoce como «dar clases» o «enseñar». Este no es un acto simple de transmisión de conocimientos desde pedestales, posiciones y actitudes intimidantes hacia los alumnos, sino un asunto complejo que tiene que ver con lo que se va a enseñar y con las competencias pedagógicas acordes con la variedad de mecanismos de aprender. Dichas competencias fueron determinadas por los padres del constructivismo y de la psicología cognitiva, quienes establecieron:

Piaget: «La función principal de la inteligencia consiste en comprender e inventar, por tanto, el conocimiento es una construcción humana que se elabora permanentemente en las diversas etapas del desarrollo desde niño a adulto».

Vygotsky: «El conocimiento se construye dentro de un contexto social; es un producto social. Se debe considerar al sujeto que aprende como un sujeto social por naturaleza, y al conocimiento, como un producto social por esencia».

Ausubel: «El conocimiento se funda desde organizaciones previas; el nuevo conocimiento se construye sobre el viejo conocimiento cuando esta actividad tiene significado para quien aprende. Esta significatividad está directamente relacionada con la existencia de relaciones entre el conocimiento nuevo y el que ya posee el alumno. Esto contradice la concepción tradicional del aprendizaje como simple y mecánica recepción y transformación de información».

Para Ausubel, aprender es sinónimo de comprender y lo que se comprende es lo que queda integrado a la estructura conceptual del sujeto que aprende.

La psicología cognitiva identifica algunas similitudes del ser humano con un procesador de información centrado en el problema de la significación. Compara la mente humana con un computador que posee un soporte físico (hardware) con el que realiza la incorporación de la información, y un conjunto de programas (softwares) de instrucciones y estrategias que ordenan eficientemente la data que recoge y almacena en una memoria de largo plazo (RAM). En otra memoria de corto plazo, transitoria y limitada, acopia todos los elementos, acciones y pensamientos respecto de un problema dado. Esta memoria solo puede retener de cinco a nueve elementos, los conserva y se asocia con otros dentro de un contexto pleno de significado.

Con los hallazgos de Piaget, Vygotsky, y Ausubel, la psicología cognitiva construye la didáctica constructivista. Esta reconoce que existen múltiples formas de aprender, que nadie conoce de la misma manera que otro, en razón de que existen inteligencias múltiples y estilos cognitivos diversos que obligan a ofrecer un tratamiento individualizado en el proceso de enseñanza y evaluación en cuanto al grupo y sus integrantes.

La didáctica constructivista debe complementarse con las enseñanzas de Luis Alberto Machado. Sus trabajos sobre desarrollo de la inteligencia han sido aceptados en otros países con interés. Su proyecto ha sido calificado como uno de los grandes experimentos sociales del siglo XX, un auténtico regalo para la humanidad.

Sus obras, en particular, *La revolución de la inteligencia,* han recorrido el mundo. El doctor Machado asegura que «cada ser humano puede ser más inteligente que otro si se lo propone». Y sentencia que «el pecado más grande de la humanidad en toda la historia es haber negado el acceso libre al pensamiento y a la ciencia».

La realidad actual se basa en que partimos de la idea de que no se puede cambiar lo que se hizo o está hecho. La historia juzgará a quienes ostentan y han estado en el poder y no han sabido aprovechar la ciencia para el bien de todos. Siento angustia y rabia cuando me doy cuenta de lo que se hace.

¿Qué dirá la historia de los hombres con poder de decisión que no han hecho algo? Se preguntarán: ¿eran tan ignorantes que no sabían que existía la ciencia? ¿El que lo supo fue tan irresponsable que no la aceptó?

«La historia dirá que fueron dirigentes inseguros de sí mismos, que le tuvieron, y aún le tienen, miedo al cambio, pues lo consideran un peligro para sus posiciones. Fueron imbéciles y criminales que no comprendieron todo lo que se podía cambiar en el país y en el mundo, con solo tomar en cuenta la ciencia y permitirles el acceso a todos los hombres» (Luis Alberto Machado. El impulso. 11-10-1997. Barquisimeto).

Sin educación politécnica no ocurre desarrollo socioeconómico

A la hora de hablar de educación los analistas, por lo general, no discriminan entre Educación Tradicional y Educación Politécnica. Tampoco entre investigación básica, también llamada pura, e investigación aplicada o tecnológica. A pesar de que la Educación Politécnica es cuestión de vida o muerte, de atraso o progreso; de generación de riqueza o de pobreza. Como se demuestra en los siguientes hechos:

«En 1940 Hitler sabía que los EE. UU. no tenía una gran marina mercante, que sus destructores eran pocos y anticuados. Casi tampoco tenían una industria óptica (...) Pero aprendieron a capacitar trabajadores casi totalmente no calificados, muchos de ellos antiguos aparceros, y en el término de 60 o 90 días los convirtieron en soldadores de primera, constructores de barcos y de aparatos ópticos de precisión y calidad (gracias a la aplicación del estudio del trabajo realizado por F.W. Taylor ... además en línea de producción...). Adam Smith había dado por sentado cincuenta años de experiencia, y más probablemente un siglo, para que un país o región adquiriera las habilidades necesarias para producir bienes de alta calidad. EE. UU. pudo montar la producción que finalmente derrotó a Alemania y Japón en la Segunda Guerra Mundial (...). Todas las potencias económicas de postguerra deben su ascenso a la capacitación que vino a ser el único motor de desarrollo económico realmente eficaz» (Drucker.1998).

«La profesionalización fue el éxito pedagógico más grande de EE. UU. en todo el siglo XX» (Goodson.1995).

El desarrollo industrial y tecnológico, tal como demostraron los japoneses, se caracteriza por ser incremental y radical. El primero se orienta a obtener, en plazo inmediato o corto, resultados que mejoran la calidad, productividad y competitividad de procesos y productos ya establecidos que se generan a partir de tecnologías conocidas. El segundo implica un cambio radical o total de productos y procesos que se fundamentan en tecnologías inéditas.

Esto significa que los procesos novedosos y nuevos productos tienen que abrir un nuevo mercado, usualmente en el mediano y largo plazo, lo cual afecta la tasa de retorno del capital: «no hay animal más cauto y miedoso que un millón de dólares» (Felipe González).

Como consecuencia de lo anterior, el desarrollo industrial comienza gracias a la investigación aplicada por la imitación, adopción y modificaciones graduales de tecnologías conocidas. Las mismas son tareas que realizan los ingenieros de producción en las universidades politécnicas, las cuales los forman. Continúa con innovaciones radicales y la creación de nuevas tecnologías, que son las tareas principales que desarrollan los doctores en ciencias, ingenieros cientificistas y universidades tradicionales que los forman.

El ingeniero cientificista encargado de diseñar nuevas tecnologías y las tareas previas a la puesta en marcha de las mismas, tiene su lugar determinado dentro de la estructura de la industria de cualquier país (5-

10 %), así también como el ingeniero de producción encargado de mantener funcionando con efectividad los sistemas de producción que usan tecnologías conocidas (95-90 %).«El salto japonés a la frontera de la alta tecnología entre 1975 y 1988, tuvo lugar con solo un pequeño aumento en el número de doctores en ingeniería y doctores en ciencias» (Toffler.1990).

«Por estas razones, los países que vencen el subdesarrollo, al lado de las universidades tradicionales crean más universidades politécnicas que coordinan poderosos sectores de educación técnica que universidades tradicionales. Asimismo, invierten más en Investigación y Desarrollo Tecnológico que en investigación pura» (Tassey. 1995).

Los países subdesarrollados «aconsejados» por los organismos multilaterales y las transnacionales, intentan en vano desarrollarse industrialmente instalando empresas que ensamblan productos con componentes extranjeros que se elaboran afuera con tecnologías de punta de bajo consumo, y bajo impacto empleador; en lugar de industrias asentadas en el país que produzcan bienes y servicios nacionales de consumo masivo que emplean muchas personas y utilizan tecnologías conocidas.

También crean más universidades tradicionales que gradúan desempleados en carreras humanísticas o ingenieros de orientación abstracta, que universidades politécnicas que gradúan ingenieros de producción.

La Universidad Politécnica, en tanto institución suprema de la educación politécnica, además de ser la máxima entidad formadora de ingenieros de producción, tiene también la misión de coordinar la formación de técnicos superiores universitarios, profesionales afines, operarios especializados, capacitación profesionalizante en masa de jóvenes desempleados y excluidos del sistema educativo.

También se encarga de la investigación tecnológica planificada e intensiva. Por lo tanto, está inserta en el corazón de las sociedades, organizada indistintamente conforme a los vínculos históricos y regionales geográficos que produce, examina, aprecia y maneja una cultura tecnológica a través de la docencia, investigación y extensión. Esta unida a la enseñanza, la cual debe estar permanentemente al día conforme las exigencias de los cambios en las necesidades, las demandas de la sociedad y los avances del conocimiento pedagógico, tecnológico y científico.

Posee su propia filosofía educativa de orientación tecno práctica. La misma es el conjunto de ideas y valores que les dan sentido y propósito a la docencia, investigación y extensión para capacitar recursos humanos. Dicha capacitación se realiza en el área de la ingeniería de producción. Los recursos humanos son encargados de coordinar la instalación, operación y mantenimiento de empresas industriales y de servicios. Estos usan tecnologías gerenciales y tecnologías industriales plenamente establecidas.

Cuando nació la universidad tradicional en el siglo XII, la ingeniería de producción no figuró entre las causas de su nacimiento, a pesar de que la misma existía desde tiempos tan remotos como el año 758 antes de Cristo. En el Libro II de *Crónicas,* de la Biblia, capítulo 26, se lee en los versículos 14 y 15, que el rey Uzías «preparó para todo el ejército escudos, lanzas, yelmos, coseletes, arcos y hondas para tirar piedras. E hizo en Jerusalén máquinas inventadas por ingenieros para que estuviesen en las torres y en los baluartes para arrojar saetas y grandes piedras».

Las carreras de ingeniería de producción sufrieron, y sufren, un gran rechazo por parte de las universidades tradicionales. Estas han visto dichas carreras con desprecio. Las califican de indignas por tratarse de profesiones orientadas a la práctica. En la Antigua Grecia y Roma los oficios prácticos, en general, fueron destinados a los esclavos y luego a los siervos de los señores feudales.

«Pero tú lo desprecias –al técnico– y a su arte y lo llamarías enseguida constructor de máquinas y no querrás dar tu hija para su hijo, ni desearías tomar la suya para tu hijo». Gorgias. Platón.

Cuando las universidades tradicionales aceptaron las carreras de ingeniería, les aplicaron una filosofía educativa de orientación tecnocientífica, teórica y abstracta. Esto fue una secuela del escolasticismo academicista: un conjunto de valores y convicciones que le dan sentido y propósito para capacitar integralmente ingenieros cientificistas encargados de crear nuevas tecnologías e investigar las tareas previas a su puesta en marcha. El EF Centralizado mantiene una relación «amor-odio» con la educación politécnica y con la universidad politécnica. Las desprecia y maltrata creyendo que puede prescindir de ellas y, al mismo tiempo, desarrollar la industria.

A continuación, se presentan dos casos representativos. El primero, ocurrió en Inglaterra. "En la Exposición Industrial de París de 1851 la mayoría de países europeos del continente se vieron superados por Inglaterra, cuna de la revolución industrial de la cual un digno representante es James Watts, primer constructor profesional de máquinas. Los productos ingleses arrasaron con casi todos los premios. Los países del continente europeo no tenían acceso a la tecnología inglesa (desde 1825 era delito reclutar artesanos ingleses para trabajar fuera de Inglaterra, y estaba igualmente prohibida la exportación de maquinaria británica), en consecuencia, no tuvieron más remedio que descubrir y construir por sí mismos la tecnología» (Ashby. 1969).

En la Exposición Industrial de París (1862) los países del continente europeo tomaron desquite e invirtieron los resultados. Una escasa docena de productos ingleses obtuvo el primer lugar. En la Carta-informe del 7 de junio de 1867, L. Payfair, jurado inglés de las Exposiciones Industriales celebradas en París en 1851 y 1862, expresa:

«Pude conocer a muchos hombres eminentes de diferentes naciones, y recoger sus opiniones en cuanto a la posición ocupada por Inglaterra (que obtuvo sólo doce reconocimientos por sus productos) en esta gran competición industrial. Con muy pocas excepciones prevalecía el sentido de que nuestro país había demostrado poca inventiva y había hecho poco progreso en las industrias desde 1851».

«Hallé a algunos de nuestros primeros ingenieros, mecánicos y civiles, lamentando la falta de progreso en sus industrias, y señalando los maravillosos avances que las otras naciones están haciendo. Dediqué mi atención a obtener sus opiniones respecto a las causas; la primera de las cuales existía la máxima unanimidad de convicción, es que Francia, Prusia, Austria, Bélgica y Suiza poseen buenos sistemas de educación industrial; Inglaterra, ninguno». Ashby 1969.

Más adelante Inglaterra logró emparejarse con sus competidores europeos. Creó un conjunto espectacular de politécnicos y escuelas profesionalizantes en todos los niveles. Como demostración de haber aprendido bien la lección, después de mucho forcejeo entre las universidades tradicionales y los *Polytechnics,* la Dama de Hierro, señora Margaret Thatcher, en su carácter de primera ministra, quien venía de ser ministra de Educación, autorizó (en 1991) la conversión de los 39 Politécnicos de Inglaterra (19 en Londres), en Universidades Politécnicas autónomas para competir en igualdad de condiciones educativas politécnicas con los socios del Mercado Común Europeo (Watson1992).

El segundo ejemplo ocurrió en Iberoamérica. Simón Rodríguez, el maestro del Libertador, siendo director general de Minas, Agricultura y Caminos Públicos, y director general de Enseñanza Pública, Ciencias Físicas, Matemáticas y Artes de la recién creada república de Bolivia (1826), presentó al mariscal Sucre y ante la Asamblea Nacional, un proyecto de organización de la Educación Politécnica popular centrado en la enseñanza de oficios socialmente útiles.

El proyecto es aprobado con entusiasmo, pero muy pronto Rodríguez fue acusado de ateo, hereje y masón. Sucre accedió a inspeccionar el proyecto y a la Escuela Politécnica Modelo de Chuquisaca. Esta albergaba 200 jóvenes seleccionados que, después de graduados, serían agentes multiplicadores en sus regiones de origen. Se designó como inspector al prefecto de la ciudad de la Paz, un señor de apellido Calvo, quien convenció a Sucre de clausurarle el proyecto y la escuela a Rodríguez. Este insiste en Cochabamba, pero también lo sabotearon. Entonces renunció a todos sus cargos.

En carta dirigida al general Francisco de Paula Otero, le informa que el prefecto Calvo, para cerrarle la escuela, adujo: «que Simón Rodríguez agotaba los recursos para mantener putas y ladrones en lugar de dar lustre a la gente decente. Las putas y los ladrones eran los hijos de los dueños del país. Estos eran los cholitos y las cholitas que ruedan en las calles (hijos de la patria, dirían hoy) y, que ahora, serían más decentes que los hijos y las hijas del señor Calvo...Viendo tanta ignorancia y atrevimiento en la gente que se llama principales me retiré».

Al Libertador, en la carta conocida como Memorial de Oruro, le escribió: «Dos ensayos llevo hechos en América y nadie ha traslucido el espíritu de mi plan, en Bogotá hice algo (Escuela Taller: Casa de Industrias Públicas o de Artes y Oficios, en 1824) y apenas me entendieron, en Chuquisaca hice más y me entendieron menos. La intención no era llenar el país de artesanos rivales o miserables, sino instruir y acostumbrar al trabajo para hacer hombres útiles; asignarles tierras y auxiliarlos en sus establecimientos. El propósito era colonizar el país con sus propios habitantes». Peñalver.1986.

El desprecio hacia la educación politécnica y su universidad se constituyó en una de las principales causas que atrofiaron el desarrollo industrial de Iberoamérica. Este lamentable hecho la condenó al subdesarrollo y la dependencia tecnológica. A Simón Rodríguez no se le escapó la singular habilidad de los constructores y orfebres incas, aztecas y mayas. Observó la posibilidad y necesidad, como condición indispensable para asegurar la verdadera soberanía de las recién nacidas repúblicas Iberoamericanas, de dotarlas de vigorosos sectores agroindustriales y metalmanufactureros.

Rodríguez fue un visionario del advenimiento de la sociedad industrial y de la educación integral, con una vigorosa rama politécnica asociada a la misma. En acatamiento de sus ideas, que han sido implementadas por todos los países desarrollados del mundo, el nuevo modelo educativo descentralizado debe contener tres vigorosos componentes:

- El primero tradicional.
- El segundo politécnico. Encargado de coordinar la capacitación de millones de jóvenes desempleados y excluidos de

universidades tradicionales, «que ruedan por las calles» (en Venezuela hay más de cinco millones) para formarlos como ingenieros de producción, técnicos superiores, especialistas y operarios de alta calificación.

- El tercero. Debe ser un componente de investigación pura y aplicada, responsable de descifrar, desagregar (ingeniería de reversa) las tecnologías conocidas, modificarlas y luego superarlas.

La Educación Politécnica y su universidad no se señalan en la Ley Orgánica de Educación, ni en la Ley de Universidades. En la LOE figuran como modalidades: la Educación Militar, Educación para las Artes, Educación para la Formación de ministros del culto. Educación Especial, Educación de adultos y Educación extraescolar.

¿Son la Educación Politécnica y la Universidad Politécnica menos importante o tienen menos instituciones, profesores o alumnos que las modalidades educativas antes nombradas? No, pero no se mencionan en las leyes y no es casual. Esa condición viene desde 1826, es el gran éxito de señores con la mentalidad del prefecto Calvo. Ellos han logrado sabotear durante, 176 años, con una sencilla y sibilina estrategia de omisión a Simón Rodríguez; para favorecer y proteger los intereses de las mafias importadoras que viven de la dependencia industrial y tecnológica del país.

Esta «omisión» ha permitido vulnerar sistemáticamente a la educación politécnica. Las Escuelas Técnicas se cancelaron cuando vivían su mejor momento. Los tres politécnicos de Barquisimeto, Puerto Ordaz, y Caracas se integraron en 1979 dentro de un paquidérmico *holding* burocrático llamado UNEXPO. Este se derogó ese mismo año, permaneció doce años en la Corte Suprema de Justicia, se restituyó en 1991 y sobrevive inmerso en insuficiencias estructurales muy severas.

Las Escuelas Técnicas se refundaron de manera improvisada con poli carencias. Por su parte, el INCE, fue rebautizado como INCES, socialista y perdió la mayor parte de los objetivos tecno educativos y los sustituyeron por objetivos a doctrinantes marxistas comunistas. Por tanto, ahora es una constelación de Asociaciones Civiles de rendimiento variable e irregular que perdió la mayor parte de los objetivos para los cuales fue creado.

Cada institución anda por su lado; reciben sus presupuestos de Caracas y allá rinden cuentas. La ausencia de orientación académica y capacidad de orientación y supervisión del ministerio de Educación, ha propiciado índices de rendimiento muy bajos.

A los estudiantes de las Escuelas Técnicas se los encajona como violentos, agresivos y fomentadores de disturbios. Toda la educación politécnica es débil, un barril sin fondo, sin orden, sin políticas y sin control. En Venezuela capacita profesionalmente a jóvenes excluidos. el MECD, las gobernaciones estadales, los municipios, las «misiones educativas» del Gobierno, la empresa privada, el INCE, la Iglesia, la educación privada, las universidades politécnicas, los IUT, CU, y la población de jóvenes excluidos crece continuamente. Todos capacitan y nadie capacita.

La Educación Politécnica no ha sido una herramienta efectiva del desarrollo socioeconómico. Esto ha sido ocasionado por la improvisación del desarrollo industrial dispuesto por un Estado todopoderoso que nunca implementó un Proyecto Nacional de desarrollo industrial apropiado. El mismo era necesario para alcanzar la autosuficiencia industrial y tecnológica, mediante la instalación de infraestructura básica de ferrocarriles, aeropuertos, centros de acopio y distribución puertos, carreteras, y viviendas. Además de educación, hospitales, agua, luz, y teléfono. Asimismo, de la producción de bienes primarios como materias primas semielaboradas y productos intermedios. También de la producción de bienes de capital, por ejemplo, fábrica de fábricas, motores, maquinaria pesada, herramientas, hardware, etc. Y de la producción de bienes terminales metálicos y no metálicos por parte de un sector manufacturero (medianas y pequeñas industrias), y empresas de servicios. Se limitó a realizaciones puntuales muy llamativas (las empresas de la CVG, el desarrollo del níquel y carbón) sometidas a los altibajos de políticas cambiantes según los gobiernos de turno.

Esta improvisación inhibió la definición de políticas educativas politécnicas de apoyo al desarrollo industrial. Asimismo, obligó a la Educación Politécnica, en todos sus niveles, a crecer de manera aleatoria e improvisada. Esto se hizo como una dispersión de instituciones desvinculadas entre sí que disipan esfuerzos, recursos y tiempo. Se hallaban incomunicadas con el sector industrial, con incompatibilidad y obsolescencia en sus diseños curriculares respecto a las necesidades del país, y sobrellevando un cúmulo de deficiencias didácticas y administrativas concomitantes con el histórico rechazo, maltrato y acoso ejercido en su contra.

¿Educación e investigación Centralizada o Descentralizada?

La ineficacia del modelo educativo centralizado, y la baja participación de los actores del proceso enseñanza-aprendizaje en los asuntos que les compete, ha obligado a la instancia Ejecutiva Nacional a recurrir a la desconcentración educativa, llamada descentralización administrativa, por la cual transfiere a los 23 estados y municipios, mediante la Ley Orgánica de Transferencia, unas pocas competencias educativas. Esto genera una confusión en torno a los conceptos de descentralización y desconcentración.

La confusión se presenta porque llaman descentralización a lo que es desconcentración. El embrollo se origina porque ambos conceptos persiguen los mismos fines: incrementar la eficacia y la participación de los actores del hecho educativo. No obstante, son diferentes en varios aspectos. El primero, y más importante, es que la desconcentración es un otorgamiento de competencias (funcionales) utilizando leyes especiales de transferencia que pueden ser derogadas en cualquier momento. Por su parte, la descentralización otorga competencias (normativas) por disposiciones constitucionales.

Existen básicamente dos clases de modelos de Educación e Investigación: los centralizados, que se corresponden y sirven a Estados y Economías centralizados; y los modelos de Educación e Investigación descentralizados que se derivan y sirven a Estados Federales y Economías descentralizados.

Las características básicas que conforman la esencia definitoria mínima del modelo de Educación e Investigación Descentralizado de un Estado Federal regional son los siguientes:

- Competencias otorgadas por vía constitucional a los Estados Autónomos productivos, para que organicen sus propios sistemas de educación e investigación, conforme a leyes orgánicas que incorporen los conceptos de descentralización, desconcentración y participación.

- Articulación e integración de competencias entre los niveles Nacional y Regional y al interior de las entidades educativas e investigativas subregionales que garanticen la unidad del sistema educativo.

- Consolidación del financiamiento de la educación e investigación con mecanismos diversos de distribución hacia las regiones autónomas en función de los diversos sistemas fiscales nacionales y regionales, la actualización y seguridad de los flujos financieros y la comercialización de los servicios de investigación.

- Diseño y desarrollo curricular y de programas de investigación, de forma compartida entre instancias centrales y regionales. Estos deben garantizar planes, programas y contenidos educativos y de investigación que consoliden la identidad nacional, la autosuficiencia científica y tecnológica, sin pérdida de la creatividad, particularidades e innovación regionales o locales. Asimismo, debe asegurar la educación básica, superior tradicional, politécnica e investigación básica y aplicada de alto nivel y que permita la movilidad, entre las regiones, de alumnos, profesores e investigadores.

- Vinculación de los sectores empresariales regionales en el mejoramiento de los servicios educativos y de investigación. Así como la instrumentación de proyectos que, conjuntamente, generen desarrollos colectivos, recursos financieros y soporte mutuo.

Vistas las características genéricas del modelo descentralizado de Educación e Investigación, no existe una versión que contenga la amplia variedad de formas en que se presenta. Los modelos de Educación e Investigación español, norteamericano, australiano, canadiense, austriaco, suizo, noruego o alemán, no son iguales entre sí

El modelo de Educación e Investigación descentralizado se organiza sobre la base de una estructura administrativa formada por una Dirección Regional de Educación e Investigación, que tiene como misión administrar, en la región autónoma, la función educativa y de investigación, tanto en aspectos formales como en los no formales. Así como elaborar los proyectos y sus costos que se ejecutarán dentro de su jurisdicción. También promover, organizar y ejecutar las acciones de entrenamiento para el personal docente, de investigación, administrativo y auxiliar.

La descentralización trae, entre otros beneficios, la autonomía del Sistema Regional de Educación e Investigación, de los subsistemas que lo componen y de las instituciones. La participación de los actores de la función educativa e investigación y, por ende, del aumento de la eficiencia y pertinencia social y geográfica. Los diagnósticos pro-revisión y adopción de políticas estratégicas para el cambio y desarrollo. La instrumentación de programas de evaluación normalizados en el ámbito nacional regional y municipal, y la implementación de sistemas nacionales, regionales y municipales de información.

La coordinación se institucionaliza a través de consejos, conferencias o grupos de directores regionales de educación e investigación, donde se discute y deciden los problemas de ámbito nacional, regional y municipal.

Cuando en Venezuela se sustituya el modelo de EF Centralizado, por un EF Descentralizado de 23 regiones autónomas y municipios, se reemplace el modelo económico capitalista de Estado por uno Descentralizado de capitalismo privado de libre mercado, principalmente autóctono, diversificado y democratizado; se deseche la improvisación y la contingencia en la concepción e instrumentación de los desarrollos industriales nacional y regionales, y se redacten proyectos técnicamente concebidos y planificados; modelos que son significativa y probadamente más honestos, competitivos, eficaces, dinámicos y fructíferos que los que nos rigen; emergerá un vigoroso modelo de Educación e Investigación formado por subsistemas regionales de educación e investigación tradicionales y politécnicos como soportes de los mismos y de los proyectos de desarrollo industrial nacional y regionales.

En este punto es preciso recordar que estamos cosechando los magros resultados del colonialismo curricular. Además de un antiguo error que, hace bastante tiempo, lo corrigieron los países de donde es originario. Esta falla ha consistido en dejarle la enseñanza de la ciencia, la tecnología y la investigación, casi exclusivamente, a las universidades tradicionales sin presencia, articulación ni implementación con los niveles de primaria y secundaria. Esto ha resultado devastador para tener una ciencia, tecnología e investigación de masas, ya que coloca a la ciencia y la tecnología más allá del alcance de los niños y de los jóvenes.

La ciencia, la tecnología e investigación en manos de las élites universitarias se enseña y se transmite en el lenguaje, imagen e interés de esas élites. No presentan planes de investigación básica, como la creación de nuevos conocimientos de aplicación en el futuro mediato. Tampoco aplicada, por ejemplo, de comprensión desagregación y aplicación de tecnologías conocidas de aplicación inmediata.

Esto dio lugar a la licitación de la investigación científica y tecnológica. Se invita a todo investigador a proponer temas de su interés y se los financia. Por regla general, los resultados, aunque posean alta rentabilidad, no los utiliza nadie. La investigación se convierte en un fin en sí misma, optativa, prescindible. Un costoso medio de promoción personal nacional e internacional del cual se benefician principalmente los países foráneos.

Ningún país del mundo se ha desarrollado licitando la Investigación básica y aplicada, sino asignando proyectos bien definidos, dirigidos a solucionar problemas relevantes vinculados a planes concretos de desarrollo y a las necesidades nacionales y regionales.

La licitación de la Investigación se promueve desde una aglomeración de centros. En parte por la ausencia de verdaderas políticas dirigidas al desarrollo de áreas prioritarias y, en parte, por el autonomismo a ultranza de las universidades.

Por esta misma época comenzaron a aparecer los estudios de postgrado de IV y V nivel con idénticas características de heterogeneidad: ausencia de propósitos, uniformidad y control. Básicamente como elementos para el ascenso de escalafón docente y adquisición de estatus académico.

Las nuevas tecnologías, tales como biotecnología, biomateriales, materiales compuestos, superconductores, electrónica e informática, lucen desatendidas y atrasadas. El Estado licita algunos proyectos. En biotecnología existían en EE. UU., para 1990, más de 300 centros de tecnologías de punta, ya que el porcentaje de productos agrícolas que se generan mediante las técnicas de ingeniería genética y biotecnología, es cada vez más alto.

La posición actual de Venezuela, a pesar de la multiplicidad de instituciones de investigación, es de rezago. Los desarrollos importantes en informática y biotecnología están ocurriendo en Argentina, Brasil, México y Chile.

La ONU ha señalado que los países subdesarrollados deben destinar 1 % del PIB a la Investigación. En Latinoamérica, para 1981, estaba entre 0,13 y 0,33 %; para ese mismo tiempo los países desarrollados usaban el 4 %.

No basta con invertir en Educación e Investigación, es fundamental instaurar un modelo descentralizado de Educación e Investigación, concebido en función de los principios de identidad, cohesión nacional y solidaridad interterritorial. Que posea una metodología de enseñanza aprendizaje constructivista para ser instrumentada por docentes bien pagados y capacitados que respeten profundamente al educando.

Complementado por el diseño/revisión de Orientación Académica, perfil profesional, currículo y didácticas de las carreras técnicas en todos sus niveles. el conocimiento se duplica cada dos años, pero las revisiones de estos conceptos se efectúan cada quince o veinte años, debido a que el proceso de diseño/revisión curricular es polémico y lento. Entre otras razones por la inexistencia de marcos conceptuales para la enseñanza de las profesiones.

Estos instrumentos se pueden construir con las respuestas a tres preguntas que formula la Filosofía Educativa:

- ¿Cuál hombre se va a formar?
- ¿Cuál saber se va a enseñar?
- ¿Cómo enseñar y aprender?

LA TRANSFORMACIÓN DE LA EDUCACIÓN

La transformación de un modelo de Educación e Investigación Centralizado por otro descentralizado, implica un proceso que no admite ligerezas ni improvisaciones. No existe un modelo puro que sea válido en todos los casos. Cada país debe buscar su propio modelo.

Las experiencias e iniciativas que llevó a cabo un país, a pesar de exhibir una probada valoración positiva, solo tienen utilidad como punto de referencia para las decisiones que deba adoptar otro país.

En el mejor de los casos, la traslación de parte de la experiencia requerirá un meditado proceso de reelaboración para adaptarlo a las circunstancias concretas que supongan diferencias con las correspondientes del país que formuló el programa.

Un programa de transformación de un modelo centralizado por otro descentralizado, es esencialmente un proceso dinámico que persigue objetivos finales y debe planificarse por etapas y objetivos intermedios. Debe tener la suficiente flexibilidad o adaptabilidad para hacer frente a requerimientos imprevistos sin que ello afecte a los objetivos finales.

Deben tomarse en cuenta los condicionamientos históricos, geográficos, demográficos y culturales de las 23 regiones administrativas que prefiguran sus identidades propias. Incluir la consideración del grado de participación que pueda tener la iniciativa privada para ser motivada con diferentes incentivos fiscales, comerciales, asistenciales, etc.

El nuevo modelo descentralizado de Educación e Investigación hace posible la formación masiva, idónea, concurrente y regionalizada. Incrementa la pertenencia académica, técnica, social y geográfica de la enseñanza e involucra al Estado, padres, representantes, maestros, entorno empresarial y social en la implementación de currículos integrales idóneos para formar ciudadanos capaces de mantener una relación adecuada con la sociedad, mediante políticas generales que competen al EF Descentralizado en las regiones autónomas que lo integran, bajo los principios filosóficos de la formación integral que implica un triple proceso de «hominización, culturización y socialización», de la cual fue precursor Simón Rodríguez, quien propuso: «Educar para hacer», esto es, la educación politécnica (Perfil profesional de algún oficio útil). «Educar para ser» (Perfil de personalidad de carácter ontológico o existencial) y «Educar para trascender», o Perfil prospectivo.

LA EDUCACIÓN Y LA INVESTIGACIÓN EN EL EF CENTRALIZADO Y EL EF DESCENTRALIZADO

Cada uno de los dos modelos existentes prepara su propio modelo de Educación e Investigación centralizado y descentralizado respectivamente que, por el fenómeno de los espejos, imita la anatomía, fisiología y rendimientos del modelo de Estado que lo genera y al cual sirve.

La educación e investigación del EF Centralizado

Las características básicas del modelo de Educación e Investigación centralizada del EF Centralizado son las siguientes:

- Los 23 estados y sus municipios carecen de competencias para organizar sus propios sistemas de educación e investigación, cuyas instituciones se gobiernan desde la oficina del PR.

- No hay articulación e integración de competencias entre los niveles nacional, estadal y municipal, ni al interior de las entidades educativas e investigativas que garanticen la unidad del sistema educativo.

- La financiación obedece a recursos y lineamientos cambiantes procedentes de los ministerios nacionales, según órdenes del PR.

- El Diseño y desarrollo curricular y de programas de investigación procede de las instancias centrales, con poca o ninguna participación de los 23 estados estadales y municipales que garantice contenidos educativos y de investigación, programas y planes, propios de cada región. Esto ha originado la perversión del adoctrinamiento ideológico comunista, militar y el culto a la personalidad.

- La vinculación mutuamente cooperante entre los sectores empresariales y sociales en pro del mejoramiento de ambas partes está ausente.

El modelo de Educación e Investigación centralizado se organiza sobre la base de una estructura administrativa constituida por ministerios nacionales, cuyas direcciones administran, en cada uno de los 23 estados y municipios, la función educativa y de investigación en aspectos formales y no formales, incluido el entrenamiento para el personal docente, de investigación, administrativo y auxiliar.

La coordinación se institucionaliza a través de eventos aleatorios, regidos por agendas intempestivas a voluntad de los ministerios nacionales, donde se informa lo que hay que hacer en el ámbito nacional, estadal y municipal.

La educación e investigación centralizada del EF Centralizado es la sede de todos los países del primer mundo. Sus resultados son deprimentes, esto refuerza su sempiterna condición de pueblos miserables plagados de problemas, atrasados y con la peor calidad de vida. La causa de estos resultados educativos y de investigación se deben a que el EFC constitucionalmente le quita el poder educativo de financiación, decisión organización, sustanciación curricular y supervisión y ejecución a los 23 estados y a los 335 municipios que forman la federación.

La educación e investigación descentralizada del EF Descentralizado es la de todos los países del primer mundo. sus resultados son exitosos y brillantes, refuerzan la condición de pueblos progresistas con la mejor calidad de vida. La causa de estos buenos resultados educativos y de investigación se deben a que el EF Descentralizado, constitucionalmente, le adjudica a los 23 estados y 335 municipios que forman la federación, el poder educativo de subvención, decisión organización, sustanciación curricular, supervisión, y ejecución.

LA EDUCACIÓN E INVESTIGACIÓN DEL EF DESCENTRALIZADO

Las características básicas que conforman la esencia definitoria mínima del modelo de Educación e Investigación descentralizada de EF Descentralizado son las siguientes:

- Los 23 estados y sus municipios tienen competencias otorgadas por vía constitucional para organizar sus propios sistemas de educación e investigación, conforme a leyes orgánicas que incorporan los conceptos de descentralización, desconcentración, inter coordinación y participación.

- Existe articulación e integración de competencias entre los niveles nacional, estadal, municipal, y al interior de las entidades educativas e investigativas que garantizan la unidad del sistema educativo.

- La financiación obedece a diversos mecanismos de distribución hacia los 23 estados y sus municipios autónomos en función de sistemas fiscales nacionales, estatales y municipales, actualización y comercialización de los servicios de investigación y seguridad de los flujos financieros.

- El Diseño y desarrollo curricular y de programas de investigación se realizan de forma compartida entre instancias centrales, estatales y municipales. Estos deben garantizar planes, programas, contenidos educativos y de investigación que afiancen la identidad nacional, la autosuficiencia científica y tecnológica sin menoscabo de la creatividad, particularidades e innovación regionales, estatales y municipales.

- La vinculación mutuamente cooperante entre los sectores empresariales y sociales en pro del mejoramiento de ambas partes. Así como del progreso de servicios educativos y de investigación. Además de la instrumentación de proyectos que, conjuntamente, generen desarrollos colectivos, recursos financieros y soporte mutuo. Está presente de manera constante.

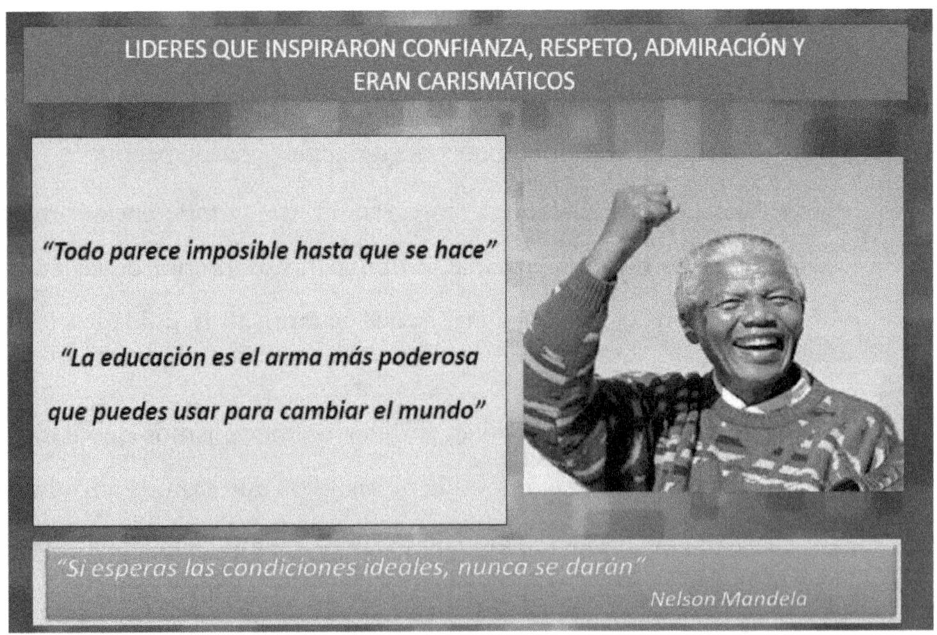

En atención a este contexto, la educación e investigación merecen una consideración especial porque, a pesar de las características estructurales, modos de funcionamiento y resultados cuestionables de la educación e investigación del EF Centralizado, existe el mito de la educación e investigación centralizada como solución radical de los problemas de pobreza, atraso y corrupción del tercer mundo.

Este mito es insostenible. Lo demuestra la experiencia histórica, educativa e investigativa de Iberoamérica de los últimos doscientos años. Parece que pudiera, pero solo es capaz de aliviar un poco los problemas, y eso puntualmente. Ocurre ya que, por el *fenómeno de los espejos,* la educación e investigación copia el modelo de organización y gobierno; los vicios y pobres rendimientos, las corruptelas del EF Centralizado de su etapa de obsolescencia irreversible.

La estructura y ejecución presupuestaria, índices burocráticos y de gestión del Gobierno del EF Centralizado, se repiten en la educación e investigación científica y tecnológica de todos los niveles. Salvo, claro está, una que otra excepción puntual.

El grueso del presupuesto (más del 80 %) se va en sueldos y salarios a nivel nacional. En consecuencia, queda poco para mantenimiento de las infraestructuras físicas, eléctricas, hídricas, hospitalarias, y viales, entre otras. Igual ocurre en educación e investigación, como resultado, queda poco dinero para actualizar laboratorios, bibliotecas, plantas físicas, etc.

La evaluación integral de la educación e investigación y de cualquier nivel son contingentes. Los currículos tienen entre treinta y cuarenta años de atraso. Los rendimientos son muy pobres (salvo ciertas excepciones).

El EF Centralizado, su educación y universidades llegaron a Iberoamérica doscientos años antes que a Norteamérica. No obstante, en los siguientes quinientos años, la calidad y los rendimientos son deprimentes, según los índices del Programa para la Evaluación Internacional de Alumnos de la OCDE – PISA (por sus siglas en inglés). El mismo evalúa hasta qué punto los alumnos cercanos al final de la educación obligatoria han adquirido los conocimientos y habilidades necesarios para la participación plena en la sociedad del saber. Y, según investigaciones de la UNESCO, no figura una sola universidad iberoamericana entre las mejores doscientas del mundo.

La brecha entre países miserables retrógrados y países desarrollados progresistas, queda marcada la diferencia entre sus modelos de EF Centralizado o EF Descentralizado, no entre las educaciones que estos producen.

La educación e investigación del EF Descentralizado es de calidad, un factor importante de progreso social, económico y cultural. Esto no ocurre con la educación e investigación del EF Centralizado, que vive eternamente sumergida en grandes problemas.

En 1986 la Presidencia de la República designó una Comisión presidida por Arturo Uslar Pietri, que presentó su Informe llamado, *Proyecto Educativo Nacional*. En su Introducción se lee: «sabemos que la sociedad venezolana carece de mecanismos que le permitan formular con precisión demandas más específicas al sistema educativo, y que el Estado venezolano no tiene medios institucionales para anticipar y procesar las necesidades que la sociedad espera ver satisfechas por dicho sistema».

El Estado al que alude este párrafo es el EF Centralizado, su estructura y modo de funcionar, como vimos antes, no permite a los actores del hecho educativo e investigativo formular demandas específicas y pertinentes desde los 23 estados y los 335 municipios. Recordemos que estos configuran un grupo de instituciones educativas y de investigación, desconectados entre sí y de los requerimientos del desarrollo integral en procura de alta calidad de vida.

En la Sección Fallas y Deficiencias de la Educación en Venezuela, del Informe arriba citado se lee: «La excesiva uniformidad del sistema educativo ha conducido al diseño de programas que desconocen la pluralidad local, regional, cultural y étnica, aun cuando en la intención se pretende lograr lo contrario».

IMPORTANCIA DE LA EDUCACIÓN POLITÉCNICA DE TODO NIVEL

A la hora de hablar de educación los analistas, por lo general, no discriminan entre Educación Tradicional y Educación Politécnica. Tampoco entre investigación básica, también llamada pura, e investigación aplicada o tecnológica, a pesar de que la Educación Politécnica es cuestión de vida o muerte, de atraso o progreso, de generación de riqueza o de pobreza.

Por estas razones, los países que vencen el subdesarrollo se organizan y gobiernan mediante un modelo de EF Descentralizado. Este les permite fundar sistemas educativos y sistemas de investigación convencionales, en cuya cima están las universidades tradicionales y sistemas educativos y de investigación politécnicos, donde destacan universidades politécnicas que coordinan redes regionales de institutos de educación técnica.

La Ley Orgánica de Ciencia, Tecnología e Innovación (LOCTI), cobra impuestos al sector industrial y de servicios para financiar investigación científica y tecnológica, especialmente en las universidades que son de interés para los empresarios.

Todo muy bien intencionado, pero inviable en su implementación, ya que se elaboran los proyectos, más bien se licitan, pero luego no se pueden ejecutar porque la investigación comienza por la biblioteca general, científica, tecnológica y de normas técnicas; hemerotecas surtidas con revistas actualizadas de alta calidad y contactos con universidades extranjeras, asociaciones científicas, gremiales y tecnologías de la cual carecen las universidades.

No obstante, el ministerio de Ciencia y Tecnología se niega a utilizar los recursos de la LOCTI para proveer los recursos básicos con los cuales se realizan las investigaciones. De esta forma, el Gobierno se queda con lo recaudado.

Si se pudiesen utilizar los recursos de la LOCTI para actualizar los talleres, los laboratorios, las bibliotecas, y las hemerotecas; además de hacer convenios educativos bilaterales con universidades politécnicas del primer mundo, se podrían atacar los problemas de Ciencia y Tecnología relevantes para la industria manufacturera y de servicios de los 23 estados y los 335 municipios, desde el pregrado y el postgrado.

Pero esto no será posible mientras la LOCTI recauda el impuesto de la investigación en los 23 estados y los 335 municipios y se los lleva Caracas de donde no regresan más.

Es urgente que en Venezuela se sustituya el modelo de EF Centralizado y su actual federación de veintitrés estados y municipios totalmente dependientes del presidente de la república, por un EF Descentralizado compuesto por una Federación de veintitrés estados y municipios integralmente autónomos. Entonces, mediante una nueva Constitución, se reemplazará el modelo económico monoproductor petrolero capitalista de Estado por uno descentralizado de capitalismo privado, de libre mercado, diversificado y democratizado.

Se desechará la improvisación y la contingencia en la concepción e instrumentación de los desarrollos industriales nacional y estadales. Se reemplazará el modelo educativo y de investigación centralizado por uno descentralizado. Cada uno de los 23 estados tendrá su subsistema educativo y de investigación, compuesto por subsistemas estadales de educación e investigación tradicionales y politécnicos. Estos serán los soportes del desarrollo industrial nacional, estadal y municipal. Recibirán los impuestos de la LOCTI y los recursos financieros que le correspondan. De esta manera, tendremos una vigorosa Educación e Investigación regionalizada de alta calidad.

La propuesta para el poder educativo e investigativo para convertirlo en agente y actor fundamental del cambio progresista

Venezuela posee la existencia, desde hace décadas, de infraestructura educativa y para la producción industrial, agroindustrial y de servicios en funcionamiento, aunque muchas de ellas, en la actualidad, abandonadas, deterioradas e improductivas.

Asimismo, tiene centenares de escuelas, liceos e instituciones de Educación Superior. Estas, desde hace cincuenta años, ofrecen una gama de ofertas educativas en todos los niveles. Incluye carreras universitarias, técnicas, tecnológicas y cursos de postgrado con vocación acentuada a la investigación y extensión universitaria. Igualmente, instalaciones deportivas, y una red de organizaciones de gremios profesionales, estudiantiles, agropecuarios, y empresariales. Además de escuelas de arte e institutos para la cultura en distintas disciplinas.

Todas las Constituciones que hemos tenido nos han proporcionado un modelo educativo y de investigación centralizado que, como hemos visto, configura un inmenso amasijo de instituciones de educación inicial, básica, secundaria, universitaria y de investigación, que marcha sin orden ni concierto. Lo mismo ocurre con las filosofías educativas y diseños curriculares. Estos han sido contaminados con doctrinas políticas, culto a personalidades y metodologías de enseñanza de aprendizaje arcaicas, conductistas, que en nada favorecen la consolidación de la identidad nacional, ni regional; tampoco la autosuficiencia educativa, científica, tecnológica ni mucho menos de investigación.

Bajo este panorama, no aparecen debidamente articulados los actores del hecho educativo, esto es: padres, alumnos, comunidad civil y comunidad empresarial. El resultado neto es que la educación y la investigación pura y aplicada son un desastre, por lo que proponemos una nueva y moderna EDUCACIÓN PARA EL DESARROLLO PRIMERMUNDISTA, mediante descentralización hacia los estados y municipios de todos los niveles educativos, autonomías universitarias y Sistemas Regionales de Educación Superior con verdaderas y modernas autonomías regionales.

✓ Establecer, con rango constitucional, la educación para reconocer y valorar la persona, la familia, el trabajo productivo y el entorno natural (*commodities*); además del sociocultural en el cual se vive. Propiciar el acercamiento, al diálogo, en cada espacio de vida: familia, pareja, trabajo, escuela y comunidad para obtener ciudadanos con valores éticos, respetuosos de lo público en sociedad.

✓ Establecer, con rango constitucional, la formación para el respeto, trabajo, desarrollo y la democracia, con la finalidad de garantizar la convivencia y acrecentar la capacidad humana y la conciencia de la libertad en las personas. Estas condiciones son necesarias para la obtención del desarrollo humano de las mismas.

✓ Establecer, con rango constitucional, el desarrollo de la conciencia ciudadana, pensamiento crítico y autonomía personal. Abolir la sumisión y la anarquía, educando, especialmente, a los niños para obedecer a la razón y la verdad.

✓ Establecer, con rango constitucional, que las Universidades y Tecnológicos se conviertan en centro de soluciones al servicio de la región que le es circundante. Establecer una relación orgánica entre la investigación, docencia, extensión y la vida social, en función de esclarecer y contribuir a resolver los problemas de las regiones correspondientes.

✓ Establecer, con rango constitucional, la transformación de actitudes en el docente, en función de educar, no con lo que decimos, sino con lo que somos. Que los valores sean sembrados en la práctica, haciendo de la escuela un lugar en el que se viven esos valores. Aceptando que únicamente es posible educar en valores, si la familia, la escuela y la comunidad se integran, alrededor de ellos.

✓ Establecer, con rango constitucional, la municipalización de todas las escuelas primarias para coadyuvar en la regionalización de la educación y garantizar que las escuelas sean ámbitos atractivos y adecuados, tanto para los estudiantes como para los profesores. Incorporar actividades investigativas sobre la materia prima existente en el área recreativa, cultural, tecnológica, de salud y deportivas, dentro del concepto de la escuela como centro formativo, cuyo proceso es contextualizado. Además de investigar e incorporar factores determinantes para el desarrollo local y humano de las comunidades, en un mundo globalizado y de la sociedad del conocimiento.

✓ Establecer, con rango constitucional, el fomento a la educación de alta calidad en las escuelas, liceos y en todos los niveles del sistema: preescolar, básico, diversificado y universitario, a través de la incorporación de criterios de mérito sin elementos partidistas, tanto para la evaluación de los docentes como para la prosecución de los estudiantes. Asimismo, se debe generar la integración de la investigación e iniciativa privada en la organización y desempeño del sistema.

✓ Establecer, con rango constitucional, el diseño de un sistema de selección y formación para contar con los mejores docentes en Venezuela. Que posean alta capacidad profesional y capacidad para la investigación, innovación y mejoramiento continuo. Que mantengan una actitud presta a ejercer los derechos humanos, convivir en paz y cooperar, al mismo tiempo, ser pertinente y competitivo. En este sentido se debe contratar, en todo el mundo desarrollado, a profesores de física, química, matemáticas, biología, y diseño para los niveles medios, tecnológicos y universitarios. Asimismo, crear alianzas estratégicas con la finalidad de formar pensamientos competitivos, para construir gerencias político económicas, en los Estados estratégicos de producción. También, construir y elevar el pensamiento que le permita a Venezuela edificar, de forma estructural, un modelo de desarrollo que pueda competir con las naciones y las empresas vanguardias en el mundo desarrollado.

✓ Establecer, con rango constitucional, la formación de valores morales y de principios universales para eliminar el riesgo de someternos al «evangelio de Estado dadivoso», donde el valor al trabajo es irrelevante; ya que un objetivo es el culto a la personalidad y «corear al caudillo». Así como sustituir la responsabilidad individual por la riqueza fácil que provee un Estado clientelar y electorero, promotor de subdesarrollo mental que limita el desarrollo integral de las personas y, por ende, de la sociedad.

✓ Establecer, con rango constitucional, la promulgación de las leyes inherentes a la autonomía para todas las universidades públicas e institutos universitarios del Estado venezolano. Rigurosidad de los procesos de elecciones en las universidades del Estado, en los lapsos establecidos y calificación distintiva para el número de votos de profesores, estudiantes y trabajadores.

✓ Establecer, con rango constitucional, el Sistema Regional de Universidades (SUR) con el respectivo Consejo Regional de

Universidades (C.R.U.) interactuando sistémicamente con el Consejo Nacional de Universidades. Este SUR es integrado por las respectivas Universidades e Instituciones de Educación Superior (IES) de las correspondientes regiones, las cuales son representadas por los rectores de las universidades, representantes profesorales, estudiantiles, egresados y trabajadores universitarios. Asimismo, representantes del Parlamento Regional y de los sectores laborables, empresariales y culturales de cada región.

✓ El SUR de cada Estado-Región, básicamente se encarga de instrumentar las políticas y estrategias para la educación superior señaladas en los planes de la región. Asimismo, propone alternativas acerca de la magnitud y especialización de las universidades y de los modelos de organización de las mismas, con el propósito de elevar la calidad académica de las universidades, buscar la mayor pertinencia social de las Instituciones de Educación Superior (**IES**). Promover una mayor eficiencia de las instituciones en el uso de sus recursos y estimular la cooperación internacional. Todo ello, para contribuir a la transformación de la región, la promoción de la participación de la sociedad, la vinculación del sector con el aparato productivo y la comunidad, en la búsqueda de soluciones a sus dificultades, a fin de procurar el desarrollo humano y la sociedad donde la equidad y la justicia sean sus valores fundamentales.

✓ Creación de la Oficina de Planificación del Sector Universitario Regional (OPSUR) como una oficina técnica auxiliar del Consejo Regional de Universidades.

LA TELEMÁTICA

«La telemática es la clave del saber y del poder. El poder de los países desarrollados reside esencialmente en el monopolio del saber».

Todo el problema del desarrollo de los países pasa por la educación … Esto implica repensar nuevamente todo el problema de la educación en los países, en las sociedades en desarrollo; replantearla en términos de la realidad del mundo actual.

Revisar nuestro concepto de escuela, una escuela que sea la antesala atractiva y verdadera de una sociedad madura y generosa, donde el niño llegue atraído por un camino lleno de las mejores y más valiosas posibilidades de la gran aventura de la vida, y no un oscuro deber divorciado de la vida.

Una escuela y una fórmula de aprendizaje activa y eficaz que derrote a la anti escuela, que rescate el capital humano que se daña y destruye. Yo creo que nosotros tenemos un excelente maestro, tenemos a Simón Rodríguez. Él dijo, con una anticipación extraordinaria, qué era y qué debía ser la educación para estos países. Desgraciadamente en 150 años no se le ha oído, no se le ha hecho caso: «Ahora tenemos que hacer pueblo porque si no tenemos pueblo no tenemos independencia. Y no tenemos República.

»Vamos a hacer los republicanos, vamos a formar los ciudadanos de un país en crecimiento, vamos a convertirlos en la gente capaz de realizar esa «república en la escuela». Eso se dice ahora, en 1828 no lo decía nadie.

»Ese desafío está todavía en pie. Yo me permitiría invitar a los venezolanos de hoy, a los dirigentes de la educación venezolana, a recuperar ese muerto, a devolverle la vida y la palabra a Simón Rodríguez, para que nos repita la lección que inútilmente dijo hace 150 años y que sigue siendo todavía la clave de una solución sensata completa y eficaz de la educación venezolana». Arturo Uslar Pietri (1982).

Parafraseando a la Unesco, es posible afirmar que, «ningún país podrá avanzar en su desarrollo industrial, más allá de donde llegue su educación politécnica».

La globalización y el neoliberalismo que se manifiesta en bloques de mercados (UE; TLC, ASEAN, MERCOSUR, etc.), no los podemos negar ni evitar. La manera de enfrentarlos consiste en generar riqueza (ver www.misionriqueza.org) y vencer al subdesarrollo. Salir del grupo de los setenta y siete (perdedores) e ingresar a grupo de los ocho (vencedores); para ello es imprescindible organizar al país sobre nuevos modelos descentralizados de Estado Federal, Economía, Educación e Investigación.

Este nuevo país exigirá ingenieros de producción, técnicos superiores universitarios y obreros especializados idóneos en grandes cantidades.

La Universidad Politécnica, comandando Subsistemas Integrados Regionales, puede formar los primeros y coordinar la capacitación de los segundos. Se apoyará en marcos conceptuales, currículo, orientaciones académicas, perfiles profesionales aptos y permanentemente actualizados. Estos deben estar relacionados con las características y necesidades de cada región autónoma. Asimismo, debe incluir una didáctica constructivista capaz de impartir asignaturas de Formación Profesional del ingeniero de producción, y de las carreras afines como oficios terminales que permitan, a quienes las aprueben, ingresar al mercado laboral sin menoscabo de la continuidad en sus estudios. Esto es posible si se usan currículos, didácticas, profesores, aulas, laboratorios, y talleres dotados de instrumentos, recursos bibliográficos y metodológicos actualizados.

Deliberadamente se trata a las personas poseedoras de verdadera experticia como a jarrones chinos, demasiado valiosos para ser empleados; buenos para mirarlos de lejos, alabarlos y ocultarlos por toda la eternidad.

Descentralización y globalización constituyen dos mega tendencias dominantes en todo el mundo.

Es en realidad un proceso de ruptura con el pasado, una refundación completa de los términos de la convivencia política, económica, educativa y social entre los ciudadanos venezolanos.

La idea central que explica los términos de esta refundación, es que la Centralización, cuando se agota después de su rol inicial, se vuelve autocrática, totalitaria, excluyente, corrompida, ineficiente y genera pobreza. En cambio, la Descentralización en su papel regenerador, consolidador y progresista, es democrática, representativa, participativa, incluyente, honesta, eficiente y genera riqueza.

Esta idea central contiene un conjunto de derechos fundamentales. En ella destaca el derecho de la ciudadanía a participar, con sus representantes o directamente en los asuntos públicos, y el derecho a optar a cargos públicos en igualdad de condiciones según los principios de méritos y capacidad, y no según el aberrante principio: «el cargo califica».

Los nuevos modelos organizativos descentralizados colocarán a Venezuela en ruta hacia el siglo XXI. El principio rector que provee de sustancia a los modelos descentralizados de Estado, Economía, Educación e Investigación, es la distribución equitativa del poder político, económico, educativo, investigativo, legislativo, y judicial, entre las entidades territoriales (nacional, regionales y locales) del Estado nacional y los ciudadanos.

Este principio distributivo y descentralizador del poder político, económico y educativo, no es nuevo, aparece en la Biblia. En ella se puede leer cómo el propio Dios dictó las normas para la creación del antiguo Estado de Israel (ver El origen bíblico del Estado Moderno en http://www.scribd.com/jbelisario).

La producción agrícola y pecuaria dependía del agua de ríos y pozos que eran propiedad de los habitantes de cada región, no del Estado. El «agua» de la economía venezolana es el petróleo que pertenece al Estado. En relación con el poder educativo e investigativo, la Descentralización en el antiguo Israel era total. La educación de los niños era responsabilidad de los padres, quienes debían impartir la enseñanza religiosa, convencional y profesional.

No atender debidamente la instrucción espiritual, general y profesional de los niños, es causa segura de atraso. Un antiguo sabio judío sentenció: «el que no enseña a su hijo un oficio útil, lo está criando para que sea un ladrón».

Es imposible, a la luz de la experiencia histórica contemporánea de América Latina, España y Europa Occidental, reconstruir un país como Venezuela, tan devastado por la miseria, pobreza, exclusión social, ignorancia, malversación y corrupción integral acumuladas; manteniendo intactos, o ligeramente maquillados, los modelos centralizados de Estado Federal, Economía, Educación e Investigación, muertos y momificados, que le ocasionaron la crisis que lo sumió en la devastación.

Porque se contraviene el principio que pauta la descentralización y distribución del poder político, económico, educativo e investigativo. Lo demuestra hasta la historia de la humanidad.

Tomamos en cuenta estas incontrovertibles enseñanzas como referencias para resolver la crisis venezolana, de lo contrario, las futuras generaciones podrán acusarnos de ignorantes, ilusos, irresponsables, logreros e impertinentes aprendices de salvadores de la patria.

RESUMEN DEL CAPÍTULO III

El país reclama una nueva forma de relaciones entre los gobernantes y gobernados basado en el respeto de la Constitución, esencialmente en la defensa de la dignidad de los ciudadanos. En este sentido, el país debe cambiar hacia un modelo político que blinde la Constitución, la división de los poderes y el poder de la ciudadanía.

Este nuevo país debe funcionar como un Estado Federal de poder Descentralizado (EFD) parlamentario, que garantice y brinde unas auténticas autonomías regionales con Estados autónomos auto productivos y auto gestionados.

Estados-regiones que posean, con rango constitucional, los tres poderes que rigen el éxito en los países desarrollados.

- El poder político para generar decisiones en el sitio, configurando una Federación de entidades territoriales nacionales, adecuadamente autónomas y descentralizadas, con rango constitucional.

- El poder económico (acceso al capital) para generar riqueza en las regiones, y aumentar así el poder adquisitivo y, por ende, mejorar el bienestar social.

- El poder educativo e investigativo para generar conocimientos, y transformar estudiantes en agentes y actores fundamentales del cambio progresista.

La industria. Al mundo actual lo componen las repúblicas industriales. Si entendemos que los Estados son los depositarios de las riquezas productivas de las naciones, tenemos entonces que industrializar estas riquezas en el sitio de origen. De esta manera, dotar al país de los bienes y servicios que allí se generen. El excedente que vaya a los mercados internacionales a generar una renta diferente a la renta petrolera.

Bajo estas premisas deben decretarse las bases jurídicas y políticas para instalar en Venezuela la libertad para fundar los Estados productivos y autogestionados de soberanía. Estos son cardinales para desarrollar y construir una calidad territorial que afiance al venezolano. Que le abra las esperanzas para disponer de una cultura dominante, que pueda competir ante al mundo y forme una unidad de pensamiento estratégico. Que esta unidad sea respetada en el mundo internacional, y él, como ciudadano, sea propietario de su propio destino.

Esta nueva Venezuela, se le ira de las manos a los grupos tradicionales y al militarismo improductivo. El poder lo debe tener la gente que piensa y desea edificar un sistema con una sociedad culta e ilustrada, en la cual la razón sea un valor de progreso. Por eso tenemos que acabar con el centralismo. ¡Ya hemos visto lo que genera!

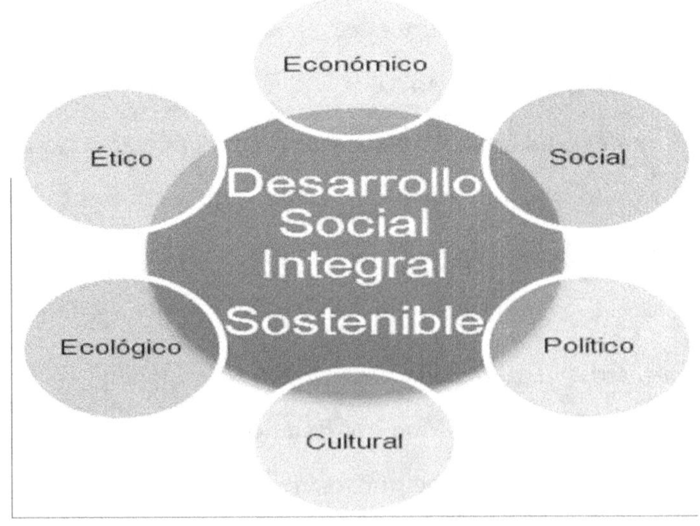

CAPÍTULO IV

PROCEDIMIENTOS PARA SUSTITUIR AL ESTADO CENTRALISTA PRESIDENCIAL POR UNA DEMOCRACIA PARLAMENTARIA

La democracia no es el silencio, es la claridad con que se exponen los problemas y la existencia de medios para resolverlos.

Enrique Múgica Herzog (1932-2020).

Político español

La rebelión de las regiones es el despertar del país productivo... Un Nuevo Pacto.

El Nuevo Pacto o nueva Constitución, que impulsamos los andinos desde la provincia venezolana: *Proyecto País Venezuela Reconciliada* ...Vía Constituyente, que nunca hemos tenido, para sustituir el EFC presidencial imperial por un EFD parlamentario. Es lo único que podría redimir dos siglos de centralismo empobrecedor y hacer realidad un país de alta calidad de vida como cualquier país de los punteros del primer mundo: Noruega, Suecia, Holanda, Dinamarca, Canadá, Finlandia, Suiza.

255

Con un EF Descentralizado, es decir, una federación de 23 estados y los municipios que sean necesarios, totalmente autónomos en lo político, económico, fiscal, educativo, salud, asistencial, y vial. Así como de libre circulación de las monedas internacionales, responsabilidad y solidaridad empresarial, libre mercado, democracia representativa y participativa, división e independencia de poderes; sin pobreza; sin ninguna de las dantescas aberraciones del tercer Mundo.

Este nuevo pacto implica promover, a partir de ahora, este gran debate nacional que resalte, con meridiana claridad, las causas de la crisis venezolana y las devastaciones que la misma ha originado, que desemboque en la convocatoria de una ANC.

Así como los constituyentitas y repúblicos de 1811, 1864 y 1946, en tiempos trascendentales en la historia del país, lograron diseñar textos constitucionales que, en su momento, fueron novísimos y pudimos rebasar situaciones que parecían imposible de lograr, elaborando constituciones que, en sus distintas épocas fueron capaces de reencauzar la vida nacional hacia caminos de mayor prosperidad y paz nacional, nuestra responsabilidad, hoy, es de proporciones históricas en esta época aciaga que vive la república, pues tenemos la enorme responsabilidad de buscar también las vías y causes para retomar el camino hacia una Venezuela más humanista, más civilista, más prospera, reconciliada y democrática.

Dos maneras para sustituir democrática y pacíficamente el EFC por un EFD

(1) Por negociación

Si todas las fuerzas políticas, que interactúan en la vida política actual, comprendieran la causa y solución de la crisis, y llegaran a un acuerdo en el Parlamento Nacional, designando en su seno, o fuera, una Comisión que redacte una nueva Constitución.

Ocurrió en España. Gracias al Estado Federal Centralizado (EFC) quedó enferma y devastada después de la Guerra Civil, pero los líderes interpretaron y resolvieron adecuadamente la enfermedad. Por tanto, decidieron refundar a España, y redactar una nueva Constitución.

Con el nuevo EF Descentralizado España, en veinte años, sanó de su enfermedad y de sus secuelas. Actualmente acaba de salir de una depresión económica no imputable al modelo de EFD sino responsabilidad de gobernantes ineptos que apelaron al populismo y endeudaron al país para comprar votos y prevaricar.

Ocurrió en Alemania. Gracias al EF Centralizado quedó enferma y dividida, devastada tras la muerte de Hitler. Los líderes interpretaron y resolvieron adecuadamente la enfermedad. Decidieron redactar una nueva Constitución (Ley Fundamental). El 8 de mayo de 1949 se aprobó la Ley Fundamental y se instauró un nuevo EF Descentralizado. Alemania del Oeste sanó su enfermedad y prosperó, como bien sabemos.

Ocurrió en Japón. Gracias al EF Centralizado quedó enfermo, derrotado y destruido después de la Segunda Guerra Mundial. Los líderes victoriosos entendieron y resolvieron encomendar a un equipo, conformado por veinte norteamericanos, la redacción de una nueva

Constitución que reemplazó el Centralismo de la monarquía absoluta por un EF Descentralizado de una monarquía parlamentaria. Y ya sabemos cómo sanó y prosperó Japón.

Ocurrió en Corea. Como efecto del EF Centralizado quedó enferma y dividida después de la Segunda Guerra mundial. Los líderes interpretaron y resolvieron la enfermedad. Decidieron redactar, en 1987, una nueva Constitución para refundar Corea del Sur, que sustituyó el Centralismo por un EF Descentralizado.

Ocurrió en Singapur, Australia, Nueva Zelanda, Taiwán, Hong Kong y Barbados. Aquí no hubo Asamblea Nacional Constituyente, pero sí una Constitución con EF Descentralizados, gracias al entendimiento de los líderes de todas las toldas ideológicas.

(2) Convocar la Asamblea Nacional Constituyente por iniciativa popular (15 % de firmas. Art 337, 338, 339 CRBV)

Fue el caso de Italia, una vez concluida la Segunda Guerra Mundial. Gracias al Centralismo quedó enferma, devastada y destruida después de Mussolini. Los líderes políticos decidieron refundar una nueva Italia. Lo hicieron mediante una nueva Constitución redactada por una Asamblea Constituyente. Esta reemplazó el Centralismo por un nuevo modelo de EF Descentralizado con el cual Italia superó y sanó de su enfermedad y superó sus secuelas de destrucción y volvió a ser próspera.

La gran interrogante es ¿quién protagonizara el cambio? Para redactar un proyecto de Constitución que nos lleve hacia la conformación de una sociedad reconciliada, democrática, desarrollada, moderna, social y humanista.

Respuesta: las universidades, el movimiento estudiantil y demás sectores sociales de la vida nacional. A ellos sí les conviene que cambiemos a la forma de administrar el Estado. Los trabajadores, empresarios, maestros, y los sectores organizados de Venezuela; representantes de academias, gremios, las ONG, el foro cultural y académico. Así también como personalidades, los movimientos sociales organizados de calle, sindicatos, y la Iglesia, entre otros. Todos apoyados por los venezolanos comunes y corrientes, como usted y yo. Los ciudadanos seremos quienes promovamos e impulsemos el Proyecto País Venezuela, y el debate sobre el Proceso Constituyente por Iniciativa Popular.

El Proyecto País Venezuela Reconciliada debería desencadenar, una indetenible, masiva, pacífica y electoral rebelión en las regiones, a través de la convocatoria al poder originario de los venezolanos.

TIPOS DE CONSTITUYENTE

A) La Constituyente derivada: es la impuesta de arriba hacia abajo. Impuesta desde quien ostenta el poder, de quien está gobernando hacia los gobernados. Así se han instalado todas las Constituciones en Venezuela.

B) La Constituyente originaria: es aquella construida de abajo hacia arriba. No es impuesta desde el poder, sino que es convocada por los gobernados, es decir, por los ciudadanos, para intervenir en la vida nacional y producir cambios importantes en forma extraordinaria y excepcional. Así como para debatir el modelo de sociedad conforme al cual se quiere vivir. Se fundamenta en el principio político de soberanía popular para cambiar un modelo que se está demostrando a sí mismo que no funciona, que es inviable.

Una Constituyente originaria, concebida de esa forma, nunca la hemos tenido. Todavía no se ha materializado en Venezuela una verdadera constituyente de abajo hacia arriba que decida el modelo de país que queremos, teniendo como protagonistas a todos los venezolanos.

Todas las constituyentes en Venezuela desde 1819 hasta la del 1999 han sido convocadas e impuestas desde el poder. Todas han sido Constituyentes derivadas, por eso no han sido verdaderos pactos sociales, sino pactos entre factores políticos que han instaurado Estados federales de poder centralizado a lo largo de nuestra historia. Así hemos visto, durante los últimos treinta años, desgobierno e incumplimiento de las promesas e ilusiones ofrecidas, porque ese modelo centralista sencillamente colapsó.

Las Constituciones del modelo centralista han sido permanentemente violadas (se cumplió el ciclo de vida del centralismo). El caos institucional hoy día es evidente: corrupción, despilfarro, indolencia, incompetencia, inconsciencia e ineptitudes a granel, cuyos productos se reflejan en la forma arbitraria e ilegal de aprobar y ejecutar la política. Ha prevalecido, ayer y hoy, con mucha frecuencia, el criterio arbitrario, ilegal e, incluso, inconstitucional, que ha convertido a Venezuela en un país tercermundista, cada vez más subdesarrollado y desesperanzado.

¿QUÉ ES EL PODER ORIGINARIO?

Es el poder que, por derecho, tiene todo pueblo organizado, como cuerpo de conciudadanos. Es el poder de intervenir, en forma extraordinaria y excepcional, en la vida política de una nación para debatir e indicar cuál es el modelo de país, el modelo de Estado, y el modelo de sociedad, conforme al cual quieren convivir. Se fundamenta en el principio político de soberanía popular.

¿Por qué es necesario convocar el poder originario de los venezolanos?

Para constituir la máxima expresión de democracia nunca antes invocada por los líderes políticos nacionales. Es inédita, tanto en su concepción como en su procedimiento. Es la única fórmula que permite directamente, desde la base misma del pueblo, sin conciliábulos, y de manera transparente y consensuada, la participación originaria de la soberanía popular, en conformidad con el espíritu del constituyente de 1999.

Además, es la única forma de establecer un verdadero EF Descentralizado. Recordemos que, este modelo de Estado, se instaura mediante un pacto entre gobernantes y gobernados. En este caso, la convocatoria al poder originario es por Iniciativa Popular, no la convoca el gobierno de turno que es quien impone la Constitución que da origen a los EF Centralistas.

¿Qué debemos y podemos hacer?

Convocar al pueblo de Venezuela, como depositario del poder constituyente originario, a un verdadero Proceso Constituyente en la que se integre la Asamblea Nacional Constituyente por Iniciativa Popular. Esta debe contar con bases comiciales fundamentadas en la ética y la verdad que permitan, mediante consultas populares con la Participación de los Venezolanos, aprobar, en definitiva, al Proyecto País que nos una e integre en el diseño y reconstrucción del país que aspiramos, en el que podamos vivir en concordia, en democracia y en libertad.

Este parámetro tiene como objetivo principal el reconocimiento de los derechos humanos, del pueblo que integra una nación y la redacción y sanción de una constitución que, en todo caso, debe ser aprobada por el pueblo. Por lo tanto, no es, ni puede ser concebida como una guillotina política. No puede ser vista ni utilizada para producir la salida de un gobierno para colocar otro.

Cada habitante de este país representa al poder ciudadano, y el conglomerado de ciudadanos conforman la Sociedad Civil. Si está organizada se convierte en actor determinante para cambiar el estado de situaciones que afecta el bienestar social, tanto personal como colectivo, con incidencia directa en lo material. Asimismo, en lo psicológico, pues solo en un ambiente de tranquilidad y concordia será posible alcanzar la paz y la justicia, ambas indispensables, para el desarrollo económico, justo y sustentable de las presentes y futuras generaciones.

Adicionalmente, lo tenemos escrito en nuestra Constitución. Sustentado en los mecanismos previstos en los artículos: 2, 5, 19, 22, 39, 40, 62, 70, 347, 348, 349 y 350 de la vigente Constitución de la República Bolivariana de Venezuela, cuyos textos se transcriben a continuación:

Artículo 5. «La Soberanía reside intransferiblemente en el pueblo, quien la ejerce directamente en la forma prevista en esta Constitución y en la ley e indirectamente, mediante el sufragio por los órganos que ejercen el Poder Público».

«Los órganos del Estado emanan de la soberanía popular y a ellos están sometidos».

Artículo 7. «La Constitución es la norma suprema y el fundamento del ordenamiento jurídico. Todas las personas y los órganos que ejercen el Poder Público están sujetos a esta Constitución».

Artículo 70. «Son medios de participación y protagonismo del pueblo en ejercicio de su soberanía en lo político: la elección de cargos públicos, el referendo, la consulta popular, la revocatoria del mandato, la iniciativa legislativa constitucional y constituyente, el cabildo abierto y la asamblea de ciudadanos y ciudadanas, cuyas decisiones serán de carácter vinculante, entre otros; y en lo social y económico: las instancias de atención ciudadana, la autogestión , la cogestión, las cooperativas en todas sus formas incluyendo las de carácter financiero, las cajas de ahorro, las empresas comunitarias y demás formas asociativas guiadas por los valores de la mutuas formas de cooperación y la solidaridad».

«La ley establecerá las condiciones para el efectivo funcionamiento de los medios de participación previstos en este artículo».

Artículo 347. El pueblo de Venezuela es el depositario del poder constituyente originario. En el ejercicio de dicho poder puede convocar una Asamblea Nacional Constituyente con el objeto de transformar el

Estado, crear un nuevo ordenamiento jurídico y redactar una nueva Constitución».

Artículo 348. «La iniciativa de convocatoria a una Asamblea Nacional Constituyente, podrá tomarla el presidente o presidenta de la República en Consejo de ministros; la Asamblea Nacional mediante acuerdo de las 2/3 partes de sus integrantes; los Concejos Municipales en cabildos mediante el voto de las 2/3 partes de los mismos; y el quince por ciento (15 %) de los electores inscritos o electoras inscritas en el Registro Civil y Electoral».

Artículo 349. «El presidente o presidenta de la República no podrá objetar la nueva Constitución. Los Poderes Constituidos, no podrán en forma alguna, impedir las decisiones de la asamblea nacional constituyente».

En consecuencia, de todo lo anteriormente expuesto:

Nosotros, el pueblo venezolano, depositario del poder constituyente originario, en el ejercicio de nuestros derechos constitucionales, organizados como sociedad civil, convocamos la elección de una Asamblea Nacional Constituyente, con el objeto de transformar el Estado, crear un nuevo ordenamiento jurídico y redactar una nueva Constitución.

En tal sentido, se diseñó como instrumento de convocatoria, una planilla de recolección de la manifestación de voluntad de los ciudadanos en los siguientes términos:

1.º El encabezado, en el que se expresa la manifestación de voluntad de los ciudadanos firmantes de convocar una Asamblea Nacional

Constituyente, cuyo objetivo es transformar el Estado. Crear un nuevo ordenamiento jurídico y redactar una nueva Constitución.

2.° Cada planilla tiene la identificación de cinco (5) ciudadanos convocantes, acompañado de los datos indispensables para salvaguardar los principios fundamentales de transparencia, equidad, racionalidad y justicia. Se hará lo necesario para garantizar que la persona que firme sea quien dice ser. Asimismo, se constatará, en un procedimiento establecido para ello, que realmente es elector inscrito en el Registro Civil y Electoral, tal como establece el Artículo 348 de la Constitución de la República Bolivariana de Venezuela.

3.° Posee los principios rectores de las bases comiciales adjuntas a las planillas de convocatoria.

Estos principios se transcriben a continuación

1.- La elección de los ciudadanos constituyentistas será conducida por un Tribunal Electoral Constituyente, independiente, cuyos miembros, en un número impar, serán venezolanos de reconocida trayectoria ciudadana, representativos de los diversos sectores del pueblo, no podrán ser candidatos a constituyentistas de la Asamblea Nacional Constituyente convocada.

2.- El Tribunal Electoral Constituyente, dictará las normas, adoptará las medidas y garantizará la transparencia del proceso de elección de los ciudadanos constituyentistas.

3.- El sistema de elección de los ciudadanos constituyentistas será mediante votación libre, universal, directa y secreta; y garantizará la personalización del sufragio, la representación proporcional, el pluralismo político y el principio democrático.

4.- El escrutinio de los votos se hará de forma manual, pública y auditable, nacional e internacionalmente.

5.- Se establecerán consultas populares sobre problemas nacionales que serán de carácter vinculante para la Asamblea.

Instrumento de Recolección de Firmas

Pág.   de

Nosotros, los abajo firmantes, venezolanos, mayores de edad, inscritos en el Registro Civil y Electoral, legalmente hábiles, en el ejercicio del principio de Soberanía Popular y como depositarios del Poder Constituyente Originario "CONVOCAMOS LA ELECCIÓN DE UNA ASAMBLEA NACIONAL CONSTITUYENTE CON EL OBJETO DE TRANSFORMAR EL ESTADO, CREAR UN NUEVO ORDENAMIENTO JURÍDICO Y REDACTAR UNA NUEVA CONSTITUCIÓN", de acuerdo con lo establecido en las BASES CONSTITUYENTES adjuntas, las cuales DECLARAMOS CONOCER, APOYAR y en consecuencia REFRENDAR, en señal de lo cual estampamos nuestra firma y huella dactilar.

Nº	NOMBRES	APELLIDOS	CEDULA DE IDENTIDAD	FECHA DE NACIMIENTO	DOMICILIO	FIRMA	HUELLA
1							
2							
3							
4							
5							

PRINCIPIOS RECTORES DE LAS BASES CONSTITUYENTES:

1.- El Proceso Constituyente será regido por un Consejo Nacional Constituyente (CNC) integrado por sectores representativos de la Nación venezolana.

2.- La elección de los Ciudadanos Constituyentistas será conducida por un TRIBUNAL ELECTORAL CONSTITUYENTE, independiente y cuyos miembros (en número impar) serán venezolanos de reconocida trayectoria ciudadana, representativos de los diversos sectores del pueblo. No podrán ser candidatos a Constituyentistas de la Asamblea Nacional Constituyente convocada.

3.- El TRIBUNAL ELECTORAL CONSTITUYENTE dictará las normas, adoptará las medidas y garantizará la transparencia del proceso de elección de los Ciudadanos Constituyentistas.

4.- El sistema de elección de los Ciudadanos Constituyentistas será mediante votación libre, universal, directa y secreta y garantizará la personalización del sufragio, la representación proporcional, el pluralismo político y el principio democrático.

5.- El escrutinio de los votos se hará en forma manual, pública y auditable, nacional e internacionalmente.

6.- Se establecerán Consultas Populares sobre los problemas nacionales, que serán de carácter vinculante para la Asamblea si no se alcanzare la mayoría de la votación calificada de (3/4), entonces se impondrá el criterio que el pueblo dicte en la consulta electoral correspondiente.

En la Ciudad de _______________________________________ a los _________________ días del mes de _____________________ del 201__

El gran debate

En su justa e importante dimensión, tiene que ser, debe ser, y es un punto de encuentro entre todos los factores y actores políticos y sociales de una nación. Tiene que ser, debe ser, y es, un centro de debate político civilizado, plural, abierto e institucionalizado. Tiene que ser, debe ser, y es un mecanismo de reencuentro y reconciliación nacional…

Venezuela está en un momento constituyente

Sin embargo, con la experiencia acumulada, los venezolanos pueden contar hoy, por la labor impulsada a través del MID, con una propuesta de un Proyecto País, del cual también soy coautor, para un país reconciliado. El mismo contiene su marco legal-constitucional para construir una nueva y mejor nación. Se basa en la necesaria, y atrasada, decisión de cambiar el modelo federal de poder centralizado, culpable de habernos traído a esta nefasta situación actual, por el moderno modelo federal de poder descentralizado, implementado y utilizado actualmente por todos los países del primer mundo, que tienen hoy día la calidad de vida más alta del planeta.

La mentira

Existe una mentira enunciada en todas las Constituciones, desde la de 1819. No sabemos si la mala fe, ignorancia, o ambas. La misma ha impulsado a numerosos sectores y personalidades a efectuar un análisis/diagnóstico/solución, lamentable de la crisis; cuando en rigor histórico y de verdad, el flagelo primero y postrero de nuestra desdicha, tiene un inequívoco responsable intelectual y material: el centralismo impuesto y alimentado con una gran mentira que causa decepción y hastío.

Nada ni nadie, ni mucho menos un país, puede prosperar sobre una mentira enunciada y manipulada en el nombre de Dios.

El Preámbulo de la Constitución de 1961 invoca «la protección de Dios Todo Poderoso ... con el propósito de (nos lo han prometido todos los presidentes de la república durante los últimos 53 años) asegurar la libertad, la paz y la estabilidad de las instituciones; proteger y enaltecer el trabajo, amparar la dignidad humana, promover el bienestar general y la seguridad social; lograr la participación equitativa de todos en el disfrute de la riqueza, según los principios de la justicia social, y fomentar el desarrollo de la economía al servicio del hombre; mantener la igualdad social y jurídica, sin discriminaciones derivadas de la raza, sexo, credo o condición social» (...) reiterado en el Artículo 2. «La república de Venezuela es un Estado Federal, en los términos consagrados por esta Constitución». Y en el Artículo 16. «Los Estados son autónomos e iguales como entidades políticas».

En el Preámbulo de la Constitución de 1999 se lee: «Invocando la protección de Dios (...) pretende establecer (nos lo había prometido el expresidente de la república en los últimos trece años) una sociedad democrática, participativa y protagónica, multiétnica y pluricultural en un Estado de justicia, Federal y Descentralizado, que consolide los valores de la libertad, la independencia, la paz, la solidaridad, el bien común, la integridad territorial, la convivencia y el imperio de la ley para esta y las futuras generaciones; asegure el derecho a la vida, al trabajo, a la cultura, a la educación, a la justicia social y a la igualdad sin discriminación ni subordinación alguna (...); de nuevo afirmada en el Artículo 4. «La

República Bolivariana de Venezuela es un Estado Federal Descentralizado en los términos consagrados por esta Constitución». Y el Artículo 17. La división político territorial será regulada por ley orgánica, que garantice la autonomía municipal y la descentralización político-administrativa».

Venezuela no ha sido una Federación de Estados y municipios autónomos descentralizados, sino una Federación de 23 Estados y 335 municipios dependientes del presidente de turno.

Los venezolanos estamos decepcionados de la forma mentirosa cómo funciona el centralismo y de sus resultados. El centralismo el cual fue incapaz de crear una sociedad moderna, próspera, feliz, duradera e incluyente. No obstante, reconocemos que el centralismo fue necesario para fundar y consolidar el país, pero cumplido su ciclo de vida, debió ser sustituido por un EF Descentralizado, hace mínimo 35 años atrás.

Por tanto, el propósito fundamental de este momento histórico frente al colapso irreversible del centralismo vigente, es refundar a Venezuela sobre la base de la descentralización del poder.

Epílogo

Si estamos hablando de que una región se haga cargo de su propio destino, es necesario que esta región y sus liderazgos tengan bien claro una visión de su desarrollo …Y nadie más que ellos para realizar esa tarea.

Rafael Grooscors Caballero

Debemos a un andino, don Rafael Grooscors Caballero, que reeditara la frase *La rebelión de las regiones,* para la propuesta del reordenamiento completo del modelo obsoleto y caducado del centralismo como sistema político del país, que nos permita el empoderamiento del municipio como la unidad político-territorial fundamental para el desarrollo y la profundización de la descentralización, no solo política, sino institucional, con la reingeniería completa de la actual forma del Estado, como base fundamental para aprovechar las potencialidades de cada una de las regiones del país.

Creemos que esa es la verdadera solución, a largo plazo, para los desequilibrios políticos y económicos que ha sufrido el país en su tránsito accidentado desde su fundación.

Hay demasiado en juego, y eso es a lo que nos enfrentamos. El petróleo administrado en manos de pocos ha creado ricos en varias generaciones, solamente con poseer el control de los contratos de un Estado mega centralizado.

Mientras tanto, un grupo de provincianos, algunos nos dirán *soñadores*, de la sociedad civil organizada, no partidista, pretendemos que eso cambie, y hemos propuesto un resurgimiento del federalismo, a través de una fuerte democracia parlamentaria, qué les daría el control del país a los ciudadanos de todas las regiones.

Reclamamos, desde la perspectiva ciudadana de la sociedad civil, organizada no partidista, comenzar un nuevo círculo, pero esta vez virtuoso, con un enfoque completamente diferente.

Allí radica nuestra diferencia principal, con los planteamientos de la mayoría del liderazgo venezolano, quienes creen que, cambiando solo al régimen, o al presidente, usurpador se acabarán nuestros problemas.

Estamos claros, como el agua cristalina, que deberemos no solo cambiar a estos gobiernos que hemos tenido antes y ahora, por las vías constitucionales, sino también cambiar al sistema político que los hizo posible. Eso no se hará por la vía rápida de esperar o provocar la renuncia del presidente, o la revocatoria de su mandato.

Y esto, en consecuencia, nos pone en una situación singular, ya que como quiera que se vea hay que realizar aún mucho trabajo previo para construir la arquitectura que soporte nuestra propuesta de un nuevo Estado Federal de poder Descentralizado.

Conjuntamente con Julio Belisario (estudioso del tema), he hecho un esfuerzo para describir, de manera resumida, por qué hemos llegado a la situación en que nos encontramos; y cómo podemos superarla para siempre.

En tal cometido participan otros venezolanos. Sus trabajos, unidos al nuestro, conforman la propuesta más objetiva, estructurada, seria y sustentada sobre el origen de la crisis y su solución, que desembocará en la sustitución del actual Estado Federal de poder Centralizado (EFC) presidencial imperial, por un Estado Federal de poder Descentralizado que puede tomar la forma de democracia parlamentaria como en la mayoría de países del primer mundo.

La Asamblea Nacional Constituyente, o la ANL Constituyente, será la que determine en última instancia, mediante la nueva Constitución, la arquitectura que soporte nuestra propuesta de un nuevo Estado Federal de poder Descentralizado.

EL PORQUÉ, EL QUÉ, EL CÓMO, Y EL CUÁNDO

Venezolanos, en este trabajo he descrito, el por qué estamos como estamos. El qué hacer para cambiar parte del cómo hacerlo, solo falta el cuándo hacerlo, y creo que estamos cerca del cuándo.

¿Cuándo dar el salto cuántico a una mejor Venezuela moderna y reconciliada?

El cuándo depende de que nosotros mismos tomemos la decisión de hacerlo.

Pero aún falta trabajo por hacer en el proceso de construcción de una Venezuela Federal, con democracia parlamentaria. Es necesario definir, al menos, los parámetros federales, estatales y municipales de ese posible y nuevo estado de cosas. Debemos comenzar por explicar a la gente cómo se va a maniobrar y lo que se obtendría desde los niveles regionales, que son los que tocan al ciudadano común.

No es fácil cambiar siglos de pedirle a el centro del país que atienda necesidades, que hace tiempo ~~que~~ no atiende, por ejemplo: los noventa y cinco años esperando la autopista de San Cristóbal – Cúcuta. Aún más difícil es modificar la mentalidad de ciudadanos que consideran que con solo cambiar a un presidente de la república, su calidad de vida mejorará.

Años de populismo centralizado y desenfrenado serán, ciertamente, un obstáculo para poner a pensar a la gente de una manera productiva. Sin embargo, la mala situación económica será un buen incentivo, y aún mejor catalizador para ese cambio. No es un trabajo trivial, el solo hecho de acometerlo pone a sus promotores a pensar en la región posible, y el mundo infinito de posibilidades, que se abrirían si sumáramos las potencialidades de todas las regiones del país y las interrelacionáramos.

Para muestra, finalizamos con el texto que preparó nuestro amigo Hinderburgo Becerra (+), ya fallecido, luego de que lo visitáramos en varias oportunidades en las inmensidades del estado Guárico, y de que nos señalara que no perdimos el tiempo escribiendo este libro, ni el siguiente titulado *Proyecto país Venezuela reconciliada vía Constituyente,* en equipo con el MID Táchira, solo es cuestión de tiempo que lo lea el resto de los venezolanos, y entonces, solo entonces *La rebelión de las regiones somos todos,* dará sus frutos de bienestar y progreso para todos los venezolanos.

LA VISIÓN DE LOS GUARIQUEÑOS

Luego de leer y analizar lo planteado en estos libros de las obras tituladas y subtituladas: *La rebelión de las regiones somos todos, Crisis venezolana, causas y soluciones estructurales,* y *Proyecto país Venezuela reconciliada vía Constituyente, La propuesta de los gochos,* Estamos obligado a ubicarme en el siguiente contexto:

El estado Guárico, una tierra de tesoros y de incalculable riqueza, ubicado en el centro geoestratégico del país, limita con ocho Estados vecinos con una población actual estimada en 800.000 habitantes. Área geográfica de 64.986 km^2, estructura de producción de carácter agrícola. Un potencial de 4.300.000 ha. de tierra, de alta, media y baja respuesta agrícola; con 500.000 ha. de tierra mecanizadas. Tres áreas definidas bajo régimen especial: Parque Juan German Roscio, en Los Morros de San Juan. Parque Arístides Rojas, en el Cerro Platillón, y el Parque Nacional Aguaro-Guariquito. Un potencial forestal de más de 1.500.000 ha. de bosques hasta ahora inexplotados. Un potencial pesquero representado por los ríos Orinoco, Apure, Portuguesa, Guárico y otros. Además, acuíferos, caños, lagunas y múltiples espejos de agua. Recursos hídricos disponibles compuestos por 14 embalses utilizados de forma parcial para riego y, en algunos casos, para el abastecimiento de agua a poblaciones. Se destaca el sistema de riego río Guárico, con capacidad útil de riego de 60.000 ha. El 49 % del subsuelo (31.81 0km^2) preñado de petróleo y gas. Un potencial minero de yacimientos no metálicos de variada naturaleza: carbón, yeso, barita de alta calidad, arenas silíceas, rocas ornamentales, arenas plásticas y gravas diversas. Tierra de héroes y una historia cargada por la estirpe de llaneros que obtuvieron los más altos lauros de la magna lucha independentista.

Tenemos todo cuanto Dios Todopoderoso nos ha dado. ¿Por qué, con tanta riqueza y el inmenso potencial de recursos naturales, vivimos así?

Cabe preguntarse: acaso no podríamos vivir mucho mejor, gozar de amplio bienestar social y económico todos los guariqueños, tener agua y electricidad todos los días y sus noches, vivienda propia cada familia, formación educativa de óptima calidad para nuestros hijos, producir nuestra propia comida para las tres papas diarias, transitar por carreteras en buen estado, trabajo estable y productivo para cada ciudadano apto en su desempeño, sin pánico diario por la inseguridad personal y de los bienes, con organismos judiciales jurisdiccionales regionales donde se diriman y resuelvan las querellas en nuestro propio ámbito geográfico sin necesidad de acudir a instancias judiciales nacionales que resultan sumamente incómodas, y particularmente costosas, en otras palabras, alcanzar altos niveles de calidad de vida.

Todo ello es posible, si cambiamos de un Estado Federal Centralizado a un Estado Federal Descentralizado, donde se le confiera a las regiones: autonomía económica (administración de sus propios recursos e ingresos fiscales). Política (elección de gobernantes en todos los niveles). Educativa (elaborar nuestros propios programas de estudio adecuándolo a las necesidades de desarrollo de la región). Judicial (referida anteriormente). Deportiva (para el desarrollo de nuestras capacidades deportivas), y culturales (para el mejor aprovechamiento de la formación y desarrollo del talento cultural). Además, la planificación del ordenamiento territorial que redefina nuestra división político-territorial, bajo estudios previos para agregar el número de municipios, concediéndoles las correspondientes autonomías funcionales para convertirlos en municipios fuertes. Planificar nuestro desarrollo regional para el aprovechar mejor los recursos naturales y humanos. Todo articulado con planes de desarrollo nacional.

Esto solo será posible si se transforma el Estado nacional, se crea un nuevo Ordenamiento Jurídico y se redacta una nueva Constitución y sus correspondientes Estatutos Autónomos.

El reto será nuestro, lo asumiremos. Si estamos dispuestos a dejar de ser mendigos sentados sobre lingotes de oro, que los tenemos como riquezas naturales a todo lo largo y ancho del territorio regional. De lo contrario, continuaremos con las manos extendidas, esperando las lochas que nos mandan del Poder Central mediante Situados Constitucionales y sus créditos adicionales para atender las múltiples necesidades de nuestros habitantes.

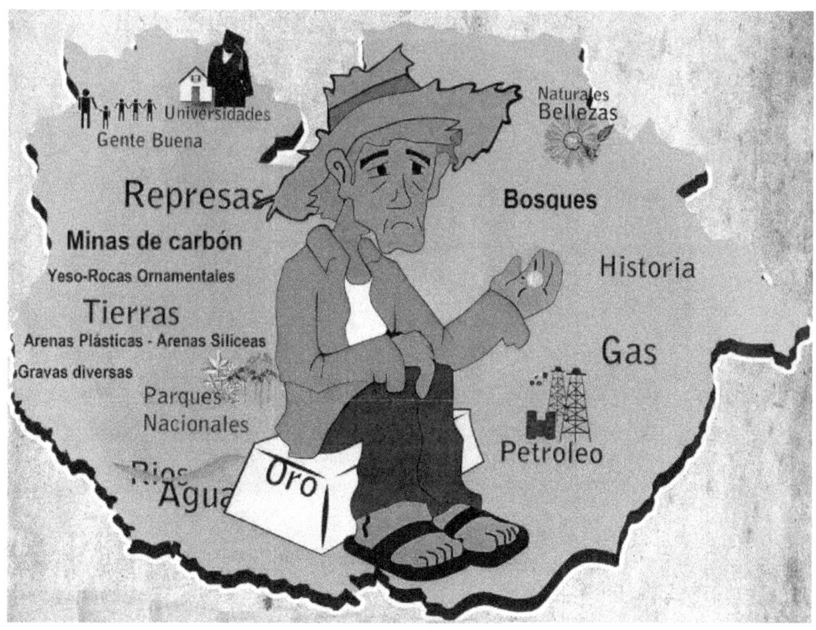

Trabajemos todos unidos y reconciliados para la convocatoria de una Asamblea Nacional Constituyente y su correspondiente Asamblea Regional Constituyente.

LA PROPUESTA DE LOS GOCHOS. CAPÍTULO GUÁRICO.

La visión que los amigos de Guárico plasmaron en el escrito anterior, trata, precisamente, de *La rebelión de las regiones somos todos*. Esta busca construir ese marco institucional para el desarrollo de cada uno de los 23 Estados y sus municipios, que son el corazón vivo de la república, que debería producir, pero no produce nada, y contraponerlo a la estructura roída de corrupción y centralismo que tenemos ahora, y tampoco produce ni deja producir nada.

Es una extraordinaria forma de pensar que Venezuela sí tiene un futuro, y está por construirse.

Fin

RESUMEN CAPÍTULO IV

LOS VENEZOLANOS ESTAMOS HARTOS

Hartos de la irresponsabilidad, expoliación, desatención, maltrato, manipulación y atrofia de sus desarrollos causados por los EF Centralistas.

Hartos de pagar impuestos que se llevan a Caracas sin saber en qué los invierten.

Hartos de no poseer en propiedad sus recursos naturales y la cuota de las ganancias del petróleo para invertirlas con sus empresarios en desarrollos agroindustriales y turísticos con la asesoría de sus universidades locales.

Hartos de que los presidentes regalen a otros países cuantiosas cantidades de petrodólares.

Hartos de que se entregue la soberanía nacional a otros países.

Hartos de que se entreguen las riquezas minerales a países extranjeros.

Hartos de unas FAN que han sido desviadas de sus fines naturales.

Hartos de la atención hospitalaria poli carencial que ofrecen desde Caracas.

Hartos de no poder adecuar las leyes nacionales a nuestras características regionales.

Hartos de que nos impongan policías, cárceles, presidiarios, fiscales y jueces extraños al lugar donde deben trabajar.

Hartos de la delincuencia común, de la delincuencia asociada a los gobiernos y de la injusta administración de la justicia.

Hartos de las ilegitimidades de origen y desempeño que se apoyan en la promiscuidad de poderes.

Hartos de maestros y profesores sin capacitación ni adaptación suficientes, que van impartir currículos obsoletos, divorciados de las características geográficas y socioculturales de donde van a realizar *enseñanzas*.

Hartos del adoctrinamiento político escolar.

Hartos de que las carreteras, aeropuertos, puertos y puentes sean planificados, construidos y administrados por el centralismo, lo que nos mantiene permanentemente incomunicados.

Hartos de que nuestros parques, tierras cultivables y urbanizables de la provincia pertenezcan a Caracas.

En pocas palabras, estamos hartos del centralismo. Deseamos sustituirlo de forma pacífica y constitucionalmente por un Estado Descentralizado, del primer mundo, para una Venezuela reconciliada, democrática, desarrollada y moderna.

Así, esta Asamblea Constituyente originaria sería una solución, en paz.

Si usted llegó a esta línea de lectura, ya está al corriente del porqué de nuestro fracaso como sociedad y, también, qué debemos hacer para cambiar el estado actual de las cosas que nos han pasado. Asimismo, podrá contestar esta pregunta: ¿quiere otra Venezuela? ¿Cree que otra Venezuela es posible?

Si la respuesta es positiva, entonces ven con nosotros, los gochos que impulsamos fuertemente este gran cambio, unidos con personas de Dios, como don Julio Belisario Mejías, y una creciente oleada de ciudadanos que, desde hace años, hemos estado interactuando en diversos estados del país. Para hoy, a mediados del año 2021, estamos más claros que nunca en el legado del doctor Ramón J. Velázquez. Siempre tendremos presente sus palabras: «Vayan y expliquen a los venezolanos lo nefasto del centralismo y el militarismo, si logran que los entiendan, le harán un gran bien a Venezuela». Nos encomendó esta tarea cuando tuvimos la oportunidad de entregarle el presente trabajo para su revisión, en su residencia de Caracas y en presencia de su hijo.

En la foto de izquierda a derecha: Enrique Colmenares, el expresidente Ramon J Velázquez, su hijo Ramón Velázquez y Luis «Balo» Farías

Bueno, es lo que hemos hecho, hoy día sabemos que no estamos solos, el 90 % de los venezolanos quieren una solución definitiva a la crisis del país. Saben quiénes somos, y saben que debemos agruparnos alrededor de lo que todos anhelamos, y está definido en nuestra ONG: una **Visión** que queremos compartir con ustedes. Una **Misión** para hacerla realidad. Unos **Valores** que nos unan en la tarea. Unas **Premisas** para mantener la identidad de nuestro grupo y, dos **Objetivos** superiores que recogen el sentir de todos los venezolanos. Además, algo importantísimo, que es la forma de organizarnos en este mundo moderno de tecnología y digitalización a través de las herramientas del momento.

Nuestra, Visión, Misión, Valores, Premisas, Objetivos y Organización, son los siguientes:

Quiénes somos. Un equipo de ciudadanos venezolanos, de la Sociedad Civil organizada e independiente, preocupados, al igual que usted, por el origen, desarrollo y solución de la crisis venezolana. Después de discusiones, estudios sistemáticos, debates, lecturas, y la eterna confusión que, a veces, dejan las interpretaciones convencionales, entendimos, aprendimos e identificamos los orígenes y causas de la crisis venezolana. De la misma forma, también examinamos las correcciones estructurales necesarias de aplicar para subsanarlas. Asimismo, el medio para ejecutarlas y lograr así solucionar la problemática venezolana.

Visión

La rebelión de las regiones somos todos los ciudadanos que transformaremos nuestra Venezuela, en un Estado moderno y descentralizado, de libre mercado, economía, ética, y con los poderes, responsabilidades, capacidades y libertades en el ámbito regional para un gran desarrollo nacional.

Misión

La rebelión de las regiones somos todos los ciudadanos, voluntarios de la sociedad civil que, ante la crisis compleja del país, trabajamos con organización tecnológica, activa y proactivamente como promotores, ejecutores y multiplicadores de un gran cambio, para transformar el modelo venezolano de poder Centralizado, en un modelo de Estado Federal de poder Descentralizado.

Valores

Se sustenta en el espíritu democrático, en el compañerismo, el sentido de trabajo en equipo; la ética, la confianza, el respeto, la constancia, la resistencia, la distinción entre lo urgente y lo importante. La comunicación permanente, clara, transparente, eficiente y verdadera. El uso de las tecnologías de la información y las comunicaciones (TIC). La responsabilidad en lo personal y en el trabajo grupal, y la libertad funcional.

Premisas

Voluntariado en los Estados, regiones y organizaciones que cumplan, con al menos, tres condiciones: compromiso, responsabilidad y efectividad en la comunicación-acción.

Mega objetivo estratégico

Lograr, por mecanismos preferiblemente constitucionales, pacíficos y ajustados al derecho internacional; la salida inmediata de la Presidencia de la República, de la persona que ilegítimamente ostenta el poder, como propósito superior concreto y anhelado por la gran mayoría de los venezolanos, a fin de, proceder con los cambios planeados para la transformación de Venezuela.

Supra objetivo estratégico

Propender a la ejecución del macro proyecto: Estado Federal de poder Descentralizado, lo cual configurará cambios estructurales de amplio espectro. Estos van a sustituir la democracia presidencialista por democracia parlamentaria, hacia el logro de una nueva realidad nacional.

Organización en red

Nos estamos organizando en una red ciudadana, mediante las herramientas que hoy nos brinda la tecnología social Adaptativa e Inteligente (SAI), para crear la cohesión social que requerimos y lograr la unión de voluntades de ese inmenso océano de venezolanos que quieran acompañar nuestra **Visión** e incorporarse en la **Misión** de concretar ambos objetivos, y así conducir todos juntos a nuestro país a un puerto seguro.

Lo hacemos a través de tres proyectos pilotos. Estos han sido desarrollados en la red ciudadana para consolidar la organización de la sociedad civil. Los mismos nos permitirán el gran cambio que amerita nuestro país.

Primero. El proyecto Cátedra, que consistirá en dar a conocer, a través de la difusión de material escrito y audiovisual, el conjunto de ideas, enseñanzas, doctrinas, estrategias, valores y principios básicos referentes al Proyecto País *La rebelión de las regiones somos todos,* para inspirar con fundamentos la participación de los venezolanos en la parte activa del desarrollo de la Misión que incidirá en el gran cambio del modelo de Estado Federal Centralista en Venezuela.

Segundo. El proyecto Refundación. Como su nombre lo indica está encaminado a la construcción colectiva de un Nuevo Pacto Social para reemplazar el actual con una Constitución verdaderamente Federal, que nos permita instaurar una democracia parlamentaria del primer mundo en Venezuela.

Tercero. El proyecto Rescate. Es un registro electoral para una sociedad civil activa, y trabajando en equipo. Es la construcción de un registro ciudadano que nos permita realizar una contraloría social tecnológica directa sobre los electores venezolanos para evitar los abusos y ventajismos fraudulentos del CNE.

¿Quieres incorporarte? Si la respuesta es positiva ubícanos en nuestras redes y comienza a trabajar, apoyándonos en cualquiera de estos proyectos, y promocionando este libro cuyo objetivo superior es dar poder a los ciudadanos. Aprovecha el poder que poseemos organizados y claros en nuestra **Visión** y **Misión**, pero también porque los recursos de su venta masiva están destinados a impulsar esta gesta histórica de nuestro país. Por tanto, es importante que lo recomiendes masivamente entre tus grupos de familiares y amigos. Será un regalo estupendo en sus fiestas aniversarias, cumpleaños, matrimonios, fin de año, o actividades diversas en sus empresas. Tratamos de masificar su contenido porque solo culturizando a la sociedad transformaremos al *pueblo* en ciudadanos conscientes de sus deberes y derechos, por eso queremos cerrar este trabajo con la misma frase con la cual lo iniciamos:

Conciencia ciudadana, una visión para la reconstrucción de Venezuela.

A partir de ahora este proyecto te pertenece, es tu aporte y regalo para Venezuela, y para las generaciones que vienen. Esta gesta es tu gesta.

Como vemos, somos todos los que debemos crear, conciencia ciudadana.

Somos todos los que compartimos una Visión y una Misión para la reconstrucción de Venezuela.

Somos todos los que salvaremos a Venezuela.

Tú, eres parte de esta cruzada por la liberación de Venezuela.

Todo comenzó en 1899 y aún no ha terminado. Esta historia continuará…

No dudes que un pequeño grupo de ciudadanos serios y comprometidos, pueden cambiar el mundo, en realidad ha sido siempre la única forma de hacerlo.

Margaret Mead

Luis «Balo» Farías Zambrano y Julio César Belisario Mejías.

Venezuela julio de 2021.

BIBLIOGRAFÍA CONSULTADA

1.   Acemoğlu, Daron y J. Robinson. *Por qué fracasan los países.* Grupo Planeta, Barcelona. España. 2012.

2.   Ashby. E. *La Tecnología y los Académicos.* Eric Ashby, del Clare College de Cambridge. Comenta el proceso de adaptación de la universidad británica frente a la revolución científica y tecnológica del siglo XIX; análogo al de la universidad venezolana (y latinoamericana) frente a los vertiginosos y cambiantes avances del conocimiento científico y tecnológico del siglo XXI. Edit. Monte Ávila. Caracas 1.969.

3.   Belisario, J. (2013). *Mega Crisis, Causas y Soluciones.* Recuperado de http://www.scribd.com/jbelisario

4.   Belisario, J. (2013). *Origen Bíblico del Estado Moderno.* Recuperado de http://www.scribd.com/jbelisario

5.   Bobbio, N. *Estado Gobierno y Sociedad.* De este libro se tomaron los conceptos de: Estado, tipos de gobierno, democracia formal, democracia sustancial y sociedad civil. Fondo de Cultura Económica, Mexico,1998.

6.   Brewer, A. *El Estado, Crisis y Reforma.* El doctor Brewer es exministro y constitucionalista. Tiene varios libros dedicados a la crisis de la descentralización, el federalismo, el estado empresario, el municipalismo, y la necesidad de acometer reformas profundas de los mismos. Editado por la Academia de Ciencias Políticas y Sociales. Caracas. 1982.

7.   Cantu, H. *Desarrollo de una Cultura de Calidad.* Uno de los textos más consultado en Latinoamérica sobre el tema de la calidad, la productividad y la competitividad. Mc Graw Hill. México. 2001.

8.   Castro, J. *La cuestión territorial.* El doctor Jaime Castro, constitucionalista y exministro, ha dedicado algunos libros al tema del ordenamiento territorial y profundización de la descentralización en Colombia. Del libro que se menciona se extrajeron importantes conceptos: Estado Federal clásico y regional: características genéricas, diferencias y semejanzas; región socio geográfica

cultural, y separación de funciones entre regiones y municipios. Edit. Oveja Negra. Bogotá. 2000.

9. COPRE (compilación). **Seminario**: *La descentralización y las autonomías territoriales. La experiencia Internacional.* Con patrocinio de COPRE Zulia, Gobernación del estado Zulia, Alcaldía de Maracaibo, y representantes del Gobierno de Francia, Agencia Española de Cooperación Internacional, PNUD, CLAD y Comunidad Europea. Destaca el ensayo titulado *El estado de las autonomías en España. Las transferencias de bienes y servicios. Un ejemplo, La comunidad de Madrid,* suscrito por el doctor Enrique Jiménez Larrea, viceconsejero de economía de la Comunidad de Madrid. Describe las dificultades que se presentaron en España y cómo se superaron cuando se implementó el Estado Federal de comunidades autónomas. Edit. Gráficas Sherma. Caracas. 1991. Es recomendable revisar todas las actuaciones y publicaciones de la COPRE.

10. David S Landes. *La riqueza y la pobreza de las naciones.* Editorial Crítica. Barcelona España 2003.

11. Drucker, P. *La sociedad postcapitalista.* Edit. Norma. Caracas. 1998.

12. Sosa Pietri, Andrés. *El nuevo modelo social para la Venezuela del primer mundo.* Editorial Metrópolis. C. A. 2002.

13. Green, M. *Historia de la Educación.* Vol. II. Anaya. Madrid.1985.

14. Goodson, I. *Historia del Currículum.* Ediciones Pomares-Corredor. Barcelona. España. 1995.

15. Goodstein, L. Nolan, T. y Pfeiffer J. *Planificación estratégica aplicada.* Mc Graw Hill. México. 1998.

16. Guaderrama, M. *Ciencia y Tecnología en Venezuela.* **Curso de Formación Sociopolítica.** Centro Gumilla. Caracas. 1990.

17. Keller, W. *Y la Biblia tenía Razón.* Editorial Omega. Barcelona. España, 1981.

18. Linz, Juan, D Nohlen, Sagués N, Nogueira H, Ayala Corao C, Eguiguren Francisco J. *Reformas al presidencialismo en América Latina: ¿Presidencialismo vs Parlamentarismo?* Ediciones Conjuntas. Comisión Andina de

Juristas. Editorial Jurídica Venezolana. Caracas. 1993 (este libro es de consulta obligada sobre el tema).

19.　　Nohlen. D y Solari. Compiladores). *Reforma Política y consolidación democrática*. Editorial Nueva Sociedad. Caracas.1988.

20.　　Nohlen, D. Compilador. *Descentralización Política y Consolidación democrática.* Autores calificados describen los diferentes grados de descentralización política y administrativa en países latinoamericanos y en algunos países europeos. Permiten comprobar que, las causas de fondo y soluciones radicales de las crisis de los países latinoamericanos son sustancialmente las mismas. Un trabajo de A Brewer C, titulado: *La descentralización política en Venezuela: 1990. El inicio de una reforma,* es una referencia obligada del tema) Edit. Nueva Sociedad. Caracas. 1991.

21.　　Peñalver, L. *Vigencia del pensamiento de Simón Rodríguez*. Ediciones INCE. Caracas, 1986.

22.　　Tassey, G. *Technology and Economy Growth: Implications for Federal Policy.* Gaithersburg. National Institute of Standards and Technology. EEUU. 1995.

23.　　*Proyecto país Venezuela reconciliada vía constituyente. Movimiento independiente democrático del Táchira MID.* De este libro, del cual soy coautor, se tomaron los conceptos de los ejes constituyentes.

24.　　Restituto «Tuto» Calvo Fuentes. *Nace la segunda República civil de Venezuela.* Editorial Rayuela. Taller de Ediciones C.A. Caracas, 2015. De este libro se tomaron los conceptos de los *commodities* y la industrialización minera, turística, etc. en Venezuela. De obligada lectura.

25.　　Toffler, A. *El Cambio de Poder.* Plaza Janes. Editorial. Barcelona. España. 1990.

26.　　Uslar Pietri, A. *Educar para Venezuela.* Editorial Lisbona. Madrid-Caracas. 1982.

27.　　Watson, H. *Polytechnic Education and University Status.* Dominion Press. Pub. Vol 13. N° 2. Dubái. 1992.

28.　　Sosa Pietri, Andrés. *Venezuela y petróleo.* Editorial Metrópolis, C.A. 2002.

ACERCA DE LOS AUTORES

Luis «Balo» Farías

Médico veterinario egresado UCV-80. Exdirector del Colegio de Médicos Veterinarios del estado Táchira. Ex vicepresidente de la Asociación ganaderos del suroeste andino: AGASOA. Exdirector de la Federación Nacional de Ganaderos de Venezuela: FEDENAGA. Exdirector Unidad Estatal de Desarrollo Agropecuario del Táchira: UEDA-Táchira. Exdirector de la Corporación Venezolana del Suroeste: CORPOSUROESTE. Exdiputado independiente al extinto Congreso Nacional. Excandidato independiente a la Gobernación del estado Táchira.

Miembro fundador de las ONG: Movimiento independiente democrático Táchira (MID-Táchira). *La rebelión de las regiones somos todos.*

Coautor de los libros: *Crisis venezolana, causas y soluciones estructurales. La rebelión de las regiones somos todos. Proyecto país Venezuela reconciliada... vía constituyente.*

Proponente de ambas consultas populares al pueblo venezolano con cobertura mundial.

Julio César Belisario Mejías

Ingeniero metalúrgico egresado de la Universidad Industrial de Santander (UIS), Bucaramanga. Colombia. Reválida UCV Caracas. Ms Sc en Tecnología Metalúrgica, Buenos Aires, Argentina. Doctor en Educación, Newport University. California, EE. UU.

Ingeniero Inspector de Plantas de la Empresa Nacional de Salinas, ENSAL.

Profesor jubilado del Instituto Universitario Politécnico de Barquisimeto (IUP), hoy Vicerrectorado UNEXPO: jefe de la Sección de Materiales y Procesos Industriales del Departamento de Ingeniería Mecánica. Fundador del Departamento de Ingeniería Metalúrgica del Instituto Universitario Politécnico de Barquisimeto: Currículo, planes de Estudio, instalación de Aulas, laboratorios talleres y jefe del Departamento.

Director del Instituto Universitario Politécnico Experimental de Guayana (IUPEG), hoy Vicerrectorado Puerto Ordaz UNEXPO.

Director Nacional de Educación Politécnica y Tecnológica de la Dirección General de Educación Superior (DGES-ME).

Miembro principal de la Comisión Presidencial del Programa Nacional de Pasantías Industriales Estudiantiles FUNDEI-ME.

Coordinador de la Comisión Ministerial del Proyecto de Factibilidad del Instituto Universitario de Tecnología del estado Trujillo.

Reconocimientos: Padrino de la VI Promoción de Ingenieros Mecánicos; III y V de Ingenieros Metalúrgicos del IUP Barquisimeto (hoy UNEXPO). Condecoración Orden Jacinto Lara, en primera clase.

Libros: *El algoritmo del perfil profesional del ingeniero de producción. Mega crisis causas y soluciones. Origen bíblico del estado moderno.*

Cargo actual: presidente fundador del Ministerio Académico Internacional de Politología Bíblica ARCONTE sobre Fundamentos básicos del Orden Político de Dios.

CONTENIDO

299

Esta edición de ©*La rebelión de las regiones somos todos,* de Luis «Balo» Farías Zambrano y Julio César Belisario Mejías, fue realizada por ®Jurado Grupo Editorial en la ciudad de Miami, en el mes de julio del año 2021.